99 notizie strane e divertenti

Ai miei due
più cari mercoledì

Introduzione

Nel corso dei secoli, l'umanità ha dimostrato una straordinaria capacità di creare, innovare e ispirare. Dalle profondità dell'oceano alle vette delle montagne, dall'arte alla tecnologia, la nostra creatività e immaginazione sembrano non conoscere limiti. Questo libro ci porta in un viaggio attraverso una serie di storie uniche e sorprendenti che rivelano il potere dell'ingegno umano, la passione per l'innovazione e il desiderio di fare la differenza.

Ogni capitolo fatto di questo raccolto in questo libro ci introduce a un'idea straordinaria, un progetto audace o un momento di ispirazione che ha lasciato il segno nella nostra realtà. Da eventi imprevedibili e momenti inaspettati emergono storie che ci ricordano quanto sia affascinante e imprevedibile il mondo in cui viviamo.

Esploreremo l'incredibile capacità dei giovani di trasformare spazi trascurati in luoghi di meraviglia e apprendimento, scopriremo come l'arte e la creatività possono unire diverse generazioni e comunità, e vivremo esperienze sorprendenti che spaziano dall'arte alla natura, dalla tecnologia alla sostenibilità. Sono storie che ci ricordano che l'essere umano è in grado di affrontare sfide, superare ostacoli e, soprattutto, lasciare un'impronta positiva su questo pianeta.

Ogni storia è una finestra sulla potenza dell'immaginazione umana e sulla volontà di trasformare idee audaci in realtà tangibili. Che si tratti di artisti, attivisti, innovatori o semplici cittadini, ogni protagonista di queste storie ci ispira a guardare al di là delle convenzioni e a immaginare il futuro con occhi nuovi.

Con il cuore aperto all'ammirazione e alla meraviglia, ci incamminiamo in un viaggio attraverso storie straordinarie, alla scoperta di mondi nascosti e di potenzialità inimmaginabili. Siete pronti a lasciarvi trasportare in un universo di creatività, scoperta e sorpresa? Allora iniziamo questo affascinante percorso attraverso le pagine di queste storie straordinarie.

1 . "Sopravvissuto all'Incidente Ferroviario Sfida la Fortuna e Vinci alla Lotteria"

In un'insolita storia di sopravvivenza e fortuna, un uomo che aveva miracolosamente sopravvissuto a un grave incidente ferroviario ha deciso di sfidare la sorte e ha acquistato un biglietto della lotteria. L'uomo, coinvolto nell'incidente ferroviario che aveva fatto notizia, aveva subito solo lievi ferite mentre molti altri passeggeri erano rimasti feriti.

Ancora incredulo per la sua fortuna nel sopravvivere all'incidente, l'uomo ha detto che aveva pensato di provare a giocare alla lotteria come un modo di celebrare la sua seconda possibilità. Per sua sorpresa, il biglietto della lotteria si è rivelato vincente, regalandogli un premio sostanziale che ha cambiato la sua vita.

La storia dell'uomo sopravvissuto all'incidente ferroviario che ha vinto alla lotteria ha attirato l'attenzione dei media e ha suscitato commenti misti da parte del pubblico. Mentre alcuni hanno definito l'evento un incredibile colpo di fortuna, altri lo hanno considerato un curioso esempio di come le circostanze imprevedibili possano portare a risultati sorprendenti.

Questa storia ha dimostrato come la vita possa riservare sorprese inaspettate e ha suscitato riflessioni sulla fragilità dell'esistenza umana e sulle opportunità che possono emergere anche dalle situazioni più difficili.

2 . "Turista Sopravvive a Caduta da Treno in Movimento e Scappa a un Attacco di Squalo"

In un'avventura incredibile e fortunata, un giovane turista ha vissuto un doppio miracolo di sopravvivenza durante una vacanza al mare. Mentre era in viaggio su un treno in movimento, il turista è caduto accidentalmente dalla porta aperta e si è rotolato giù dal treno in corsa. Nonostante la caduta, è riuscito a evitare gravi lesioni e a sopravvivere all'incidente.

Pochi giorni dopo, mentre si trovava in acqua per una nuotata, il turista è stato testimone di uno squalo che si avvicinava rapidamente. Con istinto di sopravvivenza, è riuscito a nuotare velocemente verso la riva e a evitare l'attacco dello squalo per una questione di secondi.

La storia del turista che è sopravvissuto a una caduta da un treno in movimento e poi è sfuggito a un attacco di squalo ha catturato l'attenzione dei media e ha suscitato ammirazione e incredulità. Molti hanno commentato la straordinaria fortuna del giovane turista nel vivere due esperienze potenzialmente mortali e uscirne incolume. Questa storia ha sottolineato l'importanza di rimanere calmi e reattivi nelle situazioni di emergenza e ha dimostrato quanto la vita possa riservare eventi imprevedibili e sorprendenti.

3 . "Passeggero Sopravvive a Doppio Incidente: Prima in Auto, Poi in Aereo"

In una serie di eventi straordinari, un passeggero ha vissuto una doppia esperienza di sopravvivenza in incidenti separati, prima in un incidente automobilistico e poi in un incidente aereo. L'uomo era coinvolto in un incidente automobilistico che aveva causato danni alla sua auto, ma fortunatamente aveva riportato solo lievi ferite.
Pochi giorni dopo, l'uomo aveva prenotato un volo per un viaggio d'affari. Tuttavia, il suo volo ha subito un improvviso guasto tecnico poco dopo il decollo, costringendo l'aereo a fare un atterraggio di emergenza. Ancora una volta, l'uomo è riuscito a sopravvivere all'incidente aereo senza ferite gravi.
La straordinaria serie di eventi ha attirato l'attenzione dei media e ha lasciato molti a chiedersi come una persona potesse sfuggire incolume da due incidenti separati in così breve tempo. L'uomo stesso ha dichiarato di sentirsi incredibilmente fortunato e ha attribuito la sua sopravvivenza a un misto di circostanze fortunate e tempestività delle decisioni prese in entrambi gli incidenti.
La storia di questo passeggero che ha sopravvissuto a un doppio incidente, prima in auto e poi in aereo, ha sottolineato la fragilità della vita umana e ha suscitato riflessioni sulla casualità e l'imprevedibilità degli eventi.

4 . "Uomo sposa il suo smartphone in una cerimonia bizzarra"

In una cerimonia alquanto insolita, un uomo di nome Marco ha deciso di sposare il suo smartphone davanti a un piccolo gruppo di amici e parenti. La cerimonia si è svolta in una pittoresca location all'aperto, dove l'uomo ha scambiato voti con il suo dispositivo mobile preferito.

L'idea di questo insolito matrimonio è nata dal profondo attaccamento di Marco al suo smartphone, con il quale trascorreva gran parte della giornata. Durante la cerimonia, Marco ha letto una toccante dichiarazione d'amore al suo smartphone, sottolineando come sia stato sempre al suo fianco nei momenti felici e tristi. Gli ospiti presenti hanno partecipato all'evento con sorrisi imbarazzati ma anche con un pizzico di curiosità.

L'evento ha suscitato diverse reazioni sulle piattaforme social, con alcuni utenti che lo hanno definito come un gesto di estrema modernità e altri che lo hanno giudicato come un esempio di quanto possa diventare eccessiva la dipendenza dalla tecnologia. Nonostante le controversie, Marco sembrava radiante durante la cerimonia e ha concluso il tutto con un romantico bacio sullo schermo del suo smartphone.

Mentre molti si sono chiesti se il matrimonio avesse un valore legale, è emerso che si trattava principalmente di una dimostrazione simbolica del legame tra l'uomo e la sua tecnologia. La notizia ha fatto il giro del mondo, diventando uno dei principali argomenti di discussione nelle conversazioni sul rapporto tra le persone e la tecnologia nella società moderna.

5 . "Inventato un gelato che cambia colore in base all'umore del consumatore"

Un laboratorio di ricerca culinaria ha sorpreso il mondo presentando un gelato innovativo che cambia colore in base all'umore del consumatore. Questa insolita creazione è stata sviluppata da uno chef visionario noto per le sue sperimentazioni audaci con il cibo e i sapori.

Il gelato, chiamato "EmoGelato", utilizza una combinazione di ingredienti naturali e tecnologia avanzata per monitorare i cambiamenti chimici nel corpo umano legati alle emozioni. Quando una persona gusta questo gelato, il suo corpo reagisce rilasciando diverse sostanze chimiche in base al suo stato d'animo. Sensori incorporati nel gelato rilevano queste sostanze e provocano una reazione chimica nella struttura del gelato stesso, cambiando il colore della prelibatezza.

Ad esempio, se il consumatore è felice, il gelato potrebbe trasformarsi in un vibrante colore giallo. Se è arrabbiato o stressato, il gelato potrebbe diventare rosso acceso. Stati d'animo più rilassati potrebbero tradursi in sfumature di verde o blu.

L'inventore di EmoGelato ha dichiarato che l'obiettivo di questa creazione è portare una maggiore consapevolezza delle emozioni e del benessere personale attraverso l'esperienza culinaria.

L'EmoGelato è stato lanciato in un'esclusiva degustazione presso il laboratorio stesso e ha attirato l'attenzione di esperti del settore alimentare e curiosi di tutto il mondo.

Anche se al momento non è chiaro se questo innovativo gelato diventerà una novità commerciale, sicuramente ha suscitato interesse per le potenzialità della tecnologia applicata all'alimentazione e all'esperienza del cibo.

6 . "Concorso Insolito: Gara di Lancio di Spaghetti a Distanza.

In una manifestazione culinaria unica nel suo genere, si è tenuta una gara di lancio di spaghetti a distanza, attirando partecipanti e spettatori da ogni angolo. L'evento, organizzato per celebrare la tradizione culinaria locale, ha visto i partecipanti gareggiare per vedere chi riuscisse a lanciare gli spaghetti più lontano e con la massima precisione.

I partecipanti hanno avuto a disposizione una varietà di spaghetti, ciascuno di diversa lunghezza e consistenza. Con il pubblico in attesa con trepidazione, i concorrenti hanno afferrato gli spaghetti e li hanno lanciati nel tentativo di raggiungere la massima distanza o centrare bersagli posti a diversi livelli di altezza.

L'atmosfera era piena di allegria e spirito competitivo, mentre i partecipanti si sfidavano a vicenda in questa gara di lancio di spaghetti insolita ma divertente. Alla fine, i vincitori sono stati elogiati per la loro abilità nel lancio degli spaghetti e premiati con riconoscimenti speciali.

Questa gara di lancio di spaghetti a distanza ha dimostrato come la creatività e l'entusiasmo possano trasformare la cucina tradizionale in un evento di divertimento e competizione, dimostrando che la pasta può essere fonte di ispirazione anche al di fuori della cucina.

7 . "Concorso Bizzarro: Gare di Camminata all'Indietro e Corse con le Uova in Equilibrio"

In una manifestazione che ha fatto sorridere e stupire allo stesso tempo, è stato organizzato un concorso bizzarro che ha visto partecipanti impegnarsi in gare altrettanto stravaganti. Tra le prove più eccentriche c'erano la gara di camminata all'indietro e la corsa con le uova in equilibrio.

Nella gara di camminata all'indietro, i partecipanti hanno dovuto percorrere una distanza prestabilita, ma con un twist: camminare all'indietro per tutta la durata della competizione. La sfida ha richiesto equilibrio, coordinazione e, naturalmente, molta attenzione.

Nella corsa con le uova in equilibrio, i partecipanti hanno dovuto trasportare un uovo crudo su un cucchiaio tenuto tra i denti o nelle mani, senza farlo cadere. La corsa si è svolta su un percorso con ostacoli, aggiungendo un elemento di sfida e divertimento.

L'evento ha attirato partecipanti di tutte le età e ha portato un'atmosfera di allegria e risate. I concorrenti si sono impegnati con entusiasmo nelle gare bizzarre, dimostrando che il divertimento e la creatività possono essere al centro delle competizioni, oltre alla competenza.

Questo concorso bizzarro ha mostrato come l'originalità e l'umorismo possano rendere le manifestazioni ancora più coinvolgenti e divertenti, creando un'opportunità per le persone di sperimentare nuove sfide e sorridere insieme.

8 . "Concorso di Abiti Riciclati: Creatività e Sostenibilità in Vetrina"

In un evento che ha messo in luce la creatività e la sostenibilità, è stato organizzato un concorso di abiti riciclati, dando vita a una passerella unica nel suo genere. I partecipanti hanno sfidato se stessi a creare abiti straordinari utilizzando materiali riciclati e oggetti di uso quotidiano.

I concorrenti hanno dimostrato un'incredibile ingegnosità nel trasformare vecchi giornali, sacchetti di plastica, bottiglie di plastica e altri materiali di scarto in capolavori di moda sorprendenti. Gli abiti riciclati erano stati progettati in modo da riflettere stili diversi, dalla moda elegante all'abbigliamento da strada.

La passerella è stata un tripudio di colori, forme e idee creative, mentre i modelli indossavano con orgoglio gli abiti unici e sostenibili. Il concorso non solo ha dimostrato la versatilità dei materiali riciclati, ma ha anche promosso l'importanza della sostenibilità e dell'uso consapevole delle risorse.

L'evento ha attirato l'attenzione dei media locali e ha ispirato molte persone a considerare il potenziale dei materiali riciclati nella moda e nell'abbigliamento. Questo concorso di abiti riciclati ha dimostrato come la moda possa essere un veicolo per promuovere messaggi importanti e incoraggiare la creatività con uno sguardo rivolto al futuro sostenibile.

9 . "Scimmie addestrate a rubare turisti in un parco nazionale"

In un evento bizzarro che ha destato l'attenzione della comunità scientifica e del pubblico, è emerso che alcune scimmie sono state addestrate a rubare oggetti dai turisti in un famoso parco nazionale. Le scimmie, che sono solite interagire con i visitatori e cercare cibo, sembrano aver sviluppato una tecnica sofisticata per sottrarre oggetti di valore.

Le segnalazioni dei turisti parlano di scimmie che si avvicinano furtivamente ai visitatori e con destrezza prendono occhiali da sole, cappelli, telefoni cellulari e persino zaini. È stato osservato che le scimmie sembrano essere particolarmente interessate agli oggetti scintillanti o colorati. Una volta rubati gli oggetti, le scimmie si dileguano velocemente tra gli alberi, lasciando i turisti spiazzati e senza parole.

Gli esperti di comportamento animale stanno studiando questa insolita attività delle scimmie per capire come abbiano imparato tali abilità. Alcuni suggeriscono che le scimmie potrebbero aver appreso queste tattiche osservando i turisti e sviluppando strategie per ottenere cibo o attirare l'attenzione.

Le autorità del parco nazionale stanno prendendo misure per educare i visitatori su come interagire responsabilmente con la fauna locale e proteggere i propri oggetti personali. Nel frattempo, l'insolita abilità delle scimmie sta attirando sempre più turisti curiosi desiderosi di vedere queste abili ladre in azione.

10 . "Bambina di 6 anni diventa un'autentica esperta di dinosauri"

Una bambina di soli 6 anni ha dimostrato una conoscenza straordinaria dei dinosauri, diventando un'autentica esperta nel campo. La sua passione per i dinosauri è iniziata quando aveva appena 3 anni e ha rapidamente sviluppato un interesse profondo per queste creature preistoriche.

La bambina è stata in grado di memorizzare i nomi, le caratteristiche e le abitudini di numerosi dinosauri, sorprendendo familiari, amici e persino esperti del settore. Ha trascorso ore a leggere libri, guardare documentari e discutere di dinosauri con chiunque fosse disposto ad ascoltare.

La sua passione è diventata così contagiosa che ha iniziato a tenere piccole conferenze a scuola, condividendo le sue conoscenze con i compagni di classe e gli insegnanti. La bambina è stata persino invitata a partecipare a eventi di divulgazione scientifica dedicati ai dinosauri.

La storia della giovane esperta di dinosauri ha dimostrato come la passione e la curiosità possono portare a una conoscenza profonda e a un coinvolgimento attivo in un campo specifico, indipendentemente dall'età. La sua determinazione nell'approfondire il suo interesse ha ispirato molti a seguire le proprie passioni con entusiasmo e impegno.

11 . "Vicino a una piccola città, un campo di mais cresce misteriosamente a forma di cerchio gigante"

Gli abitanti di una tranquilla cittadina sono rimasti sbalorditi quando hanno scoperto un campo di mais che stava crescendo misteriosamente a forma di un enorme cerchio. Il fenomeno, che ricorda i classici "cerchi nel grano", ha scatenato discussioni e teorie sull'origine di questo insolito evento agricolo.

Il cerchio nel campo di mais è stato scoperto da un agricoltore locale che stava sorvolando la zona con un drone. La forma geometrica perfetta, che si estendeva per centinaia di metri, ha attirato immediatamente l'attenzione. I residenti della città si sono radunati intorno al campo per osservare il fenomeno da vicino e speculare su cosa potesse aver causato la crescita del mais in un tale modello.

Esperti di agricoltura e scienziati sono stati chiamati a indagare sulla questione. Le prime analisi indicano che il terreno e le piante sembrano essere sani e non presentano segni di danni da agenti esterni o malattie. Tuttavia, non è ancora stata trovata una spiegazione scientifica definitiva per la strana forma del campo di mais.

Le teorie variano dalla possibile influenza di fenomeni meteorologici insoliti all'intervento di extraterrestri. Mentre alcuni scettici ritengono che possa trattarsi di un elaborato scherzo o di un esperimento artistico, i residenti locali sono affascinati dall'insolito spettacolo e continuano a speculare sul mistero che circonda il cerchio di mais.

L'evento ha attirato l'attenzione dei media nazionali e internazionali, portando un flusso di visitatori curiosi nella cittadina per vedere di persona il misterioso campo di mais. Gli esperti stanno ancora investigando, ma nel frattempo, il cerchio di mais rimane un enigma affascinante e senza soluzione.

12 . "Concorso di bellezza per animali domestici: Cane Chihuahua vince il titolo di 'Miglior Sguardo Glamour'"

Un concorso di bellezza per animali domestici ha avuto un vincitore sorprendente quando un piccolo cane Chihuahua è stato incoronato con il titolo di "Miglior Sguardo Glamour". Il concorso, che solitamente coinvolge cani di razze più grandi o animali con pellicce lussuose, ha visto una svolta inaspettata grazie al carisma straordinario di questo piccolo cane.

Il Chihuahua di nome "Bijou" ha catturato l'attenzione della giuria con il suo atteggiamento regale e la sua capacità di fissare gli occhi con un'aria di sofisticata intensità. Durante le varie fasi del concorso,

Bijou è stato protagonista di sfilate eleganti, sessioni fotografiche e persino ha partecipato a un'intervista "virtuale" in cui ha risposto alle domande con cenni e movimenti della testa.

I giudici hanno ammesso che la decisione di premiare un Chihuahua con il titolo di "Miglior Sguardo Glamour" è stata inusuale, ma hanno sottolineato l'indiscutibile magnetismo e il fascino di Bijou. Il cane è diventato rapidamente un fenomeno virale sui social media, con migliaia di persone affascinate dal suo stile unico e dal suo sguardo penetrante.

Il proprietario di Bijou ha dichiarato di essere estremamente orgoglioso del suo cane e ha scherzato sul fatto che Bijou ora sembra richiedere un atteggiamento da star del cinema ogni volta che esce a passeggio. La vincita di Bijou ha aperto la porta a una maggiore diversità nelle competizioni di bellezza per animali domestici e ha dimostrato che il glamour può essere espresso in forme e dimensioni sorprendenti.

13 . "Pastore Utilizza Alpaca come Guardie per il Suo Gregge di Pecore"

In un'idea insolita e sorprendente, un pastore ha trovato un modo unico per proteggere il suo gregge di pecore: utilizzando alpaca come guardie. Le alpaca, con il loro aspetto imponente e il temperamento protettivo, sono state introdotte nel gregge di pecore per tenere lontani i predatori.

Le alpaca si sono dimostrate guardie efficaci, sorvegliando attentamente il gregge e avvertendo il pastore e le pecore in caso di pericolo. La loro natura curiosa e vigile è stata sfruttata a vantaggio delle pecore, creando un sistema di difesa naturale che ha rivelato la sorprendente intelligenza degli animali.

La storia del pastore che utilizza alpaca come guardie per il suo gregge ha attirato l'attenzione degli agricoltori e degli appassionati di animali da fattoria in tutto il mondo. Questo approccio innovativo alla protezione dei greggi ha dimostrato come la collaborazione tra diverse specie animali possa portare a risultati straordinari e a una gestione sostenibile delle risorse.

14 . "Bambino di 10 anni insegna lingue straniere ai suoi coetanei"

Un bambino di 10 anni è diventato un vero e proprio insegnante linguistico per i suoi compagni di classe, dimostrando una straordinaria padronanza di diverse lingue straniere. Il giovane poliglotta ha iniziato a studiare lingue fin da piccolo e ha sviluppato una passione per l'apprendimento linguistico.

Vedendo l'opportunità di condividere le sue abilità, il bambino ha iniziato a tenere brevi lezioni durante i momenti di pausa a scuola, insegnando vocaboli, frasi e pronuncia corretta in diverse lingue. La sua iniziativa ha attirato l'attenzione dei compagni di classe, che sono stati entusiasti di partecipare alle lezioni informali.

Le lezioni linguistiche del bambino sono diventate così popolari che ha creato una sorta di "club delle lingue" in cui i suoi coetanei potevano imparare e praticare insieme. La storia del giovane insegnante è stata condivisa sui social media e ha ispirato molti genitori e insegnanti a sostenere l'apprendimento linguistico fin dalla giovane età.

Questa storia ha dimostrato come la passione e l'entusiasmo di un bambino possano influenzare positivamente l'ambiente circostante e creare opportunità di apprendimento uniche per i suoi coetanei.

15 . "Concorso di Sculture di Sabbia: Capolavori Efimeri sulla Spiaggia"

Una spiaggia è diventata il palcoscenico di un concorso unico e affascinante: il concorso di sculture di sabbia. Artisti e appassionati si sono riuniti per plasmare la sabbia in opere d'arte temporanee, creando capolavori efimeri che hanno catturato l'attenzione di tutti i presenti.

I partecipanti hanno utilizzato strumenti rudimentali, come secchi, palette e rastrelli, per scolpire la sabbia e creare forme incredibili, da castelli medievali a creature marine fantastiche. La spiaggia è diventata un museo temporaneo all'aperto, con sculture di sabbia che attiravano l'interesse e l'ammirazione dei visitatori.

Oltre alla creatività, il concorso ha messo in luce l'importanza della collaborazione e della condivisione di idee. Gli artisti si sono aiutati a vicenda, offrendo suggerimenti e supporto mentre lavoravano alle loro opere. Questo spirito di comunità ha reso l'evento ancora più speciale.

Alla fine del concorso, le sculture di sabbia sono rimaste in mostra per qualche tempo, consentendo ai visitatori di apprezzare l'arte temporanea prima che il vento e le onde le portassero via. L'evento ha dimostrato come la bellezza e la creatività possano emergere anche da materiali semplici come la sabbia, e come l'arte possa unire le persone in modo unico ed emozionante.

16 . "Concorso di Ballo Insolito: Gara di Ballerini su Tappeti Mobili"

In un'incredibile sfida di abilità e equilibrio, è stato organizzato un concorso di ballo insolito che ha visto i partecipanti ballare su tappeti mobili in movimento. L'evento ha attirato ballerini di tutte le età e livelli di abilità, pronti a mettere alla prova la loro destrezza e creatività in questa sfida unica.

I partecipanti si sono esibiti su tappeti mobili che si muovevano in diverse direzioni e velocità, richiedendo una sincronizzazione perfetta tra il movimento dei tappeti e i passi di danza. La sfida era non solo a livello fisico, ma anche mentale, poiché i ballerini dovevano adattarsi rapidamente ai cambiamenti nei movimenti dei tappeti.

Le performance erano una combinazione di stili di danza diversi, dalla salsa al contemporaneo, rendendo lo spettacolo unico e coinvolgente. Gli spettatori erano incantati dalle acrobazie e dalle evoluzioni dei ballerini, mentre i partecipanti dimostravano il loro talento nell'affrontare questa sfida stravagante.

L'evento ha dimostrato come il ballo possa essere interpretato in modi sorprendenti e creativi, sfidando le convenzioni e portando una nuova dimensione di divertimento e intrattenimento. Questo concorso di ballo insolito ha reso omaggio alla passione e alla dedizione dei ballerini, evidenziando l'arte in un contesto insolito e affascinante.

17 . "Suora DJ: Religiosa Anziana Diventa una Sensazione Musicale"

Una suora anziana è diventata una sensazione musicale inaspettata dopo aver abbracciato il mondo della musica da DJ. La suora, conosciuta per il suo spirito gioioso e la passione per la musica, ha iniziato a esplorare il DJing come un modo per connettersi con le persone attraverso le canzoni e la danza.

Indossando l'abito religioso mentre si esibiva dietro i giradischi, la suora ha iniziato a suonare in eventi locali, feste di quartiere e anche in alcuni club notturni. Le sue selezioni musicali uniche e la sua energia contagiosa hanno reso ogni sua esibizione un'esperienza memorabile per il pubblico.

La notizia dell'inaspettata carriera da DJ della suora anziana ha fatto il giro dei media e dei social media, attirando l'attenzione di persone di tutte le età. Molti sono stati ispirati dalla sua capacità di portare gioia e divertimento attraverso la musica e hanno apprezzato il suo spirito avventuroso e non convenzionale.

Questo esempio di una suora anziana che abbraccia una passione inusuale e la trasforma in una forma di espressione artistica ha dimostrato che la creatività non ha limiti di età né di contesto, e ha ispirato molte persone a seguire le proprie passioni, indipendentemente dalle aspettative.

18 . "Città Introduce Divieto di Fumare all'Aperto, ma Offre Sigarette Virtuali Gratuite"

In un'azione straordinaria per combattere il fumo e promuovere alternative più sicure, una città ha introdotto un divieto di fumare all'aperto, ma ha offerto sigarette virtuali gratuite ai fumatori. L'amministrazione comunale ha deciso di affrontare il problema del fumo passivo e dei danni alla salute pubblica, incoraggiando i fumatori a considerare opzioni meno dannose.

Le sigarette virtuali, note anche come sigarette elettroniche, sono state fornite gratuitamente ai fumatori interessati. Questa iniziativa è stata accompagnata da campagne informative che illustravano i potenziali benefici delle sigarette virtuali rispetto al tabacco tradizionale.

L'iniziativa ha suscitato dibattiti sulla sua efficacia e sui possibili effetti collaterali, ma ha anche attirato l'attenzione dei media nazionali e internazionali. Molti si sono chiesti se offrire sigarette virtuali gratuite fosse un modo efficace per ridurre il fumo e promuovere la salute pubblica.

Questa iniziativa insolita ha dimostrato come le città possano cercare soluzioni innovative per affrontare problemi complessi come il fumo, cercando di bilanciare la promozione della salute con il rispetto delle scelte personali.

19 . "Vigna Sopravvive a Condizioni Estreme e Produzione di Vino Superiore"

In una storia di sopravvivenza e determinazione, una vigna si è trasformata in un esempio straordinario di resilienza, producendo vino di alta qualità nonostante le condizioni ambientali estreme. La vigna, situata in una regione arida e impervia, ha dovuto affrontare sfide uniche per prosperare.

Grazie all'innovazione e alla cura attenta dei viticoltori, la vigna è stata trasformata con l'introduzione di tecniche di irrigazione avanzate e il monitoraggio costante delle condizioni del terreno. Nonostante la mancanza di acqua e le temperature estreme, la vigna è stata in grado di produrre uve di qualità eccezionale, ricche di sapore e carattere.

Il vino prodotto da queste uve resistenti è diventato noto per la sua robustezza e unicità, catturando l'attenzione degli esperti del settore vinicolo e dei consumatori appassionati. La storia di come la vigna abbia superato le avversità e abbia prodotto vino superiore ha ispirato molte persone, dimostrando che la volontà umana e l'ingegno possono portare a risultati sorprendenti anche nelle circostanze più sfavorevoli.

20 . "Pastore Ispirato Crea un'Orchestra con Pecore"

Un pastore con una passione per la musica ha creato qualcosa di straordinario nella sua fattoria: un'orchestra composta interamente da pecore. Utilizzando una combinazione di addestramento e pazienza, il pastore ha insegnato alle sue pecore a emettere suoni musicali in risposta a segnali visivi e sonori.

Ogni pecora è stata addestrata per suonare uno strumento diverso, come campane, flauti e tamburi, e il pastore ha sviluppato un sistema di segnali per dirigere le pecore e creare armonie melodiche. Le performance dell'orchestra di pecore sono diventate una curiosità locale, attirando visitatori e ammiratori da tutta la regione.

La storia dell'orchestra di pecore ha catturato l'attenzione dei media nazionali e internazionali, dimostrando l'ingegno e la dedizione del pastore nell'unire la sua passione per la musica con il suo lavoro quotidiano. L'orchestra di pecore è diventata un simbolo di creatività e di come la connessione tra umani e animali possa portare a risultati straordinari e inaspettati.

21 . "Cavallo Diventa Campione di Scacchi in Torneo Locale"

In un insolito evento che ha catturato l'attenzione dei partecipanti e degli appassionati di scacchi, un cavallo si è dimostrato un avversario temibile in un torneo locale di scacchi. Il torneo, organizzato da un club di scacchi della comunità, ha visto partecipare giocatori di tutte le età e livelli di abilità.

Tuttavia, l'elemento sorprendente è stato l'ingresso inaspettato di un cavallo di nome "Sir Knight", addestrato da un appassionato di scacchi. Il cavallo ha partecipato a una partita di scacchi contro un avversario umano, dimostrando una notevole abilità strategica nella pianificazione delle mosse.

Mentre il pubblico era inizialmente scettico riguardo alle capacità del cavallo, molti sono rimasti sbalorditi dalla sua capacità di anticipare le mosse avversarie e prendere decisioni efficaci sulla scacchiera. Il cavallo ha superato diversi avversari umani durante il torneo, attirando attenzione e ammirazione.

La storia del cavallo campione di scacchi ha fatto il giro dei media locali e ha ispirato discussioni sulla relazione tra intelligenza animale e abilità cognitive. Sebbene il torneo fosse un evento eccezionale, ha dimostrato quanto l'addestramento e la comprensione delle strategie possano portare a risultati straordinari anche al di fuori delle aspettative umane.

22 . "Suore Trasformano Monastero in Laboratorio di Innovazione Tecnologica"

In un'insolita svolta di eventi, un gruppo di suore ha trasformato un monastero secolare in un laboratorio di innovazione tecnologica. Le suore, che avevano una forte passione per la scienza e la tecnologia, hanno deciso di utilizzare lo spazio del monastero per condurre esperimenti, sviluppare progetti e promuovere l'educazione scientifica.

L'ex monastero è stato dotato di attrezzature all'avanguardia, laboratori di ricerca e spazi di collaborazione, creando un ambiente accogliente per l'apprendimento e la scoperta. Le suore hanno abbracciato nuove tecnologie, sviluppando applicazioni e soluzioni innovative in campi come l'energia rinnovabile, la medicina e l'ingegneria.

La notizia della trasformazione del monastero ha suscitato sorpresa e interesse in tutto il mondo. Molti sono rimasti ispirati dalla dedizione delle suore all'apprendimento e all'innovazione, dimostrando che la passione per la scienza e la tecnologia può fiorire in ogni contesto.

Questo insolito esempio di suore impegnate nell'innovazione tecnologica ha sfidato le aspettative e dimostrato come il desiderio di apprendimento e progresso possa unire persone provenienti da diversi ambienti e culture.

23 . "Avvistamento UFO durante una partita di calcio scatena speculazioni"

Durante una partita di calcio di un campionato amatoriale in una piccola città, uno strano oggetto volante non identificato (UFO) è stato avvistato nel cielo sopra lo stadio, scatenando speculazioni e discussioni tra i presenti. Il misterioso avvistamento è avvenuto durante una delle partite più intense della stagione.

Gli spettatori, insieme ai giocatori, hanno notato un oggetto luminoso e non identificato nel cielo, che sembrava muoversi in modo irregolare e cambiare direzione improvvisamente. L'avvistamento ha attirato l'attenzione di molti, che hanno iniziato a puntare il dito verso il cielo e a discutere animatamente su cosa potesse essere.

La notizia dell'UFO durante la partita di calcio si è diffusa rapidamente, attirando l'interesse dei media locali e nazionali. Mentre alcuni scettici hanno suggerito che l'oggetto potesse essere un aeromobile convenzionale o un drone, altri hanno alimentato teorie più fantasiose su visite extraterrestri.

L'episodio ha dato vita a una serie di discussioni divertenti e interessanti sulla possibilità di vita oltre la Terra e ha portato alcuni partecipanti della partita a scherzare sull'idea che gli alieni fossero semplicemente appassionati di calcio. Anche se l'UFO è rimasto un mistero, l'avvistamento ha aggiunto un tocco di sorpresa e curiosità a quella giornata sportiva.

24 . "Prete italiano offre benedizione agli scooter per garantire sicurezza stradale"

In un gesto insolito ma benintenzionato, un prete in Italia ha deciso di offrire una benedizione speciale agli scooter e alle moto dei suoi parrocchiani per garantire loro sicurezza stradale. L'evento è stato organizzato nel parcheggio della chiesa, dove i fedeli hanno portato i loro veicoli a due ruote per ricevere la benedizione.

Indossando la sua veste talare, il prete ha recitato preghiere e ha spruzzato acqua benedetta sugli scooter e le moto, invocando la protezione divina per chi li avrebbe guidati. La benedizione è stata accolta con sorrisi e gratitudine da parte dei partecipanti, che hanno trovato l'idea unica e rassicurante.

L'evento è diventato virale sui social media e ha attirato l'attenzione di diverse testate giornalistiche, suscitando dibattiti e discussioni sulla relazione tra spiritualità e sicurezza stradale. Mentre alcune persone hanno apprezzato il gesto simbolico, altri hanno espresso opinioni diverse, dimostrando come le tradizioni e le credenze possano portare a manifestazioni originali e sorprendenti nella vita di tutti i giorni.

25 . "Rinviata l'apertura di un ristorante sottomarino a causa di un'invasione di pesci curiosi"

L'inaugurazione di un ristorante sottomarino unico nel suo genere è stata rinviata a causa di un'inaspettata invasione di pesci curiosi. Il ristorante, situato al largo di una pittoresca costa, era pronto a offrire ai clienti un'esperienza culinaria unica nel mondo sommerso.

Tuttavia, appena pochi giorni prima dell'apertura prevista, il ristorante si è trovato nel bel mezzo di una vera e propria invasione di pesci provenienti dalle acque circostanti. Questi pesci, caratterizzati da colori vivaci e strane appendici, hanno dimostrato un notevole interesse per la struttura subacquea, nuotando freneticamente attorno alle finestre e intrattenendo i costruttori e il personale del ristorante.

Gli esperti marini sono stati chiamati per studiare questo comportamento insolito e hanno ipotizzato che i pesci potrebbero essere stati attirati dalla luce e dalla novità della struttura sottomarina. Nonostante l'entusiasmo iniziale per questa inaspettata compagnia, è diventato presto evidente che l'invasione stava creando problemi logistici per il ristorante e per la sicurezza dei clienti.

Di conseguenza, l'apertura del ristorante è stata posticipata temporaneamente mentre gli esperti cercano soluzioni per gestire la presenza dei pesci e garantire un'esperienza piacevole e sicura ai futuri ospiti. Nel frattempo, le immagini dei pesci curiosi che nuotano intorno alle finestre del ristorante stanno attirando l'attenzione sui social media e suscitando curiosità tra coloro che desiderano partecipare a questa avventura culinaria sottomarina.

26 . "L'ultimo successo in libreria: Un romanzo interamente scritto da un'intelligenza artificiale"

Il mondo letterario è stato sconvolto dall'arrivo di un nuovo romanzo che ha catturato l'immaginazione dei lettori: un'opera letteraria interamente scritta da un'intelligenza artificiale. Il romanzo, intitolato "Sinfonia dei Circuiti", è diventato un bestseller immediato, suscitando dibattiti e riflessioni sulla creatività umana e sull'impatto delle tecnologie emergenti.

L'autore virtuale di "Sinfonia dei Circuiti" è un avanzato algoritmo di generazione di testo che ha analizzato e appreso dalle opere di numerosi autori famosi. Il romanzo presenta una trama intricata, personaggi complessi e descrizioni suggestive che hanno catturato l'attenzione dei lettori di tutto il mondo.

Mentre alcuni critici si sono scagliati contro l'idea di un romanzo scritto da una macchina, altri lo hanno abbracciato come una nuova forma di espressione artistica che sfida le tradizionali concezioni di autorialità e creatività. I lettori sono stati divisi tra chi trova affascinante l'approccio innovativo e chi insiste sul valore insostituibile della mano umana nella scrittura.

L'editore del romanzo ha sottolineato che l'obiettivo non era sostituire gli autori umani, ma esplorare le possibilità offerte dalla tecnologia nell'ambito della narrazione. "Sinfonia dei Circuiti" ha aperto un nuovo capitolo nel dibattito sull'intelligenza artificiale e la creatività, dimostrando che le macchine possono generare opere che intrigano, emozionano e stimolano la riflessione umana.

27 . "Scoperta una colonia di formiche che sembra praticare l'agricoltura"

Un gruppo di ricercatori ha fatto una scoperta sorprendente nel mondo delle formiche: una colonia di questi insetti che sembra essere coinvolta in un comportamento simile all'agricoltura. La scoperta è avvenuta in una foresta tropicale remota, dove i ricercatori hanno osservato formiche che coltivavano una specie di fungo per il loro sostentamento.

Le formiche in questione sembrano tagliare e coltivare parti di foglie per alimentare il fungo, che a sua volta serve come loro principale fonte di cibo. Questo comportamento è stato paragonato a un primitivo tipo di agricoltura, in cui le formiche coltivano deliberatamente il fungo per procurarsi il cibo.

Gli scienziati stanno studiando attentamente questa colonia di formiche e il loro rapporto con il fungo per comprendere meglio l'evoluzione del comportamento agricolo nei sistemi biologici. Si tratta di una scoperta importante che potrebbe fornire nuove prospettive sull'adattamento e la complessità delle interazioni tra le specie nel regno animale.

Mentre le formiche agricoltrici continuano a suscitare interesse tra gli esperti di entomologia e biologia, il loro comportamento solleva anche domande intriganti sulla natura della cooperazione e dell'organizzazione sociale tra gli insetti.

28 . "Un gatto di quartiere eletto 'Sindaco Onorario' di una piccola cittadina"

In un'elezione insolita che ha catturato l'attenzione nazionale, un gatto di quartiere è stato eletto 'Sindaco Onorario' di una pittoresca cittadina. L'idea è nata come uno scherzo da parte dei residenti e ha rapidamente guadagnato popolarità, portando alla candidatura del gatto come simbolo unico della comunità.

Il gatto, di nome Whiskers, è da lungo tempo una presenza ben nota nel quartiere e amato da molti residenti. La sua personalità affabile e la sua abitudine di passeggiare per le strade hanno attirato l'attenzione di coloro che frequentano i negozi e i caffè locali. Quando è stata lanciata l'idea di eleggerlo come 'Sindaco Onorario', molti hanno accolto l'idea con entusiasmo.

L'elezione di Whiskers è avvenuta in modo informale, con una cabina elettorale improvvisata fuori da un negozio del quartiere. I residenti hanno potuto votare con una donazione per la causa benefica locale. Whiskers ha ricevuto una maggioranza schiacciante di voti e ha quindi ottenuto il titolo di 'Sindaco Onorario'.

Nonostante il suo nuovo "incarico", Whiskers continua a fare la sua vita quotidiana, passeggiando tra le strade e facendo la sua comparsa nei luoghi preferiti. Il suo status di "Sindaco Onorario" ha attirato l'attenzione dei media e ha portato una maggiore visibilità alla piccola cittadina. Mentre alcuni potrebbero considerare l'elezione come un semplice scherzo, per i residenti rappresenta un modo divertente per celebrare la personalità unica di Whiskers e rafforzare il senso di comunità.

29 . "Rara pioggia di meteoriti trasforma una spiaggia in una scena da fantascienza"

Una spiaggia costiera è stata improvvisamente trasformata in uno scenario da fantascienza quando una rara pioggia di meteoriti ha colpito la zona, creando un'incredibile scena di luce e fumo. L'evento meteoritico, che ha sorpreso i bagnanti e i turisti, ha portato alla scoperta di frammenti spaziali su una delle spiagge più frequentate della regione.

La pioggia di meteoriti è avvenuta all'improvviso, con frammenti ardenti che si sono abbattuti sulla spiaggia e hanno generato una serie di piccoli crateri. I testimoni oculari hanno descritto l'evento come spettacolare e surreale, con il cielo che si è illuminato e il suolo che ha tremato per l'impatto.

Gli esperti di scienze spaziali sono stati chiamati a indagare sulla provenienza dei meteoriti e sulla loro composizione. Si è scoperto che questi frammenti provengono da un meteorite più grande che si è disintegrato nell'atmosfera terrestre, generando una serie di esplosioni nell'aria e l'effetto di pioggia di meteoriti.

La scoperta di questi frammenti spaziali ha attirato un flusso di curiosi e appassionati di scienze naturali sulla spiaggia. Le autorità locali hanno lavorato per preservare i crateri e hanno organizzato visite guidate per coloro che desiderano osservare da vicino i segni di questo evento straordinario.

La rara pioggia di meteoriti ha catturato l'immaginazione del pubblico e ha portato un'atmosfera di meraviglia e incanto alla tranquilla spiaggia, dimostrando ancora una volta quanto l'universo possa riservare sorprese incredibili e inaspettate.

30 . "Scimmie del centro di ricerca creano una loro 'Società Segreta'"

Nel cuore di un centro di ricerca primatologica, un gruppo di scimmie ha creato ciò che sembra essere una sorta di "Società Segreta" all'interno del loro gruppo. Gli scienziati che studiano il comportamento delle scimmie sono rimasti sorpresi e affascinati dalla complessità delle interazioni sociali che stanno emergendo in questo gruppo.

Le scimmie coinvolte sembrano essersi riunite in modo intenzionale e formare un gruppo separato all'interno della comunità più ampia. Hanno sviluppato comportamenti e segni distintivi che le distinguono dagli altri membri del gruppo, compresi rituali di corteggiamento unici e gesti di riconoscimento.

Gli scienziati stanno cercando di capire meglio le ragioni dietro la formazione di questa "Società Segreta" e cosa ciò possa rivelare sulle dinamiche sociali delle scimmie. Alcune ipotesi suggeriscono che potrebbe essere una risposta a cambiamenti nell'ambiente o nella gerarchia sociale all'interno del gruppo più ampio.

Mentre gli scienziati continuano a studiare questa affascinante scoperta, l'idea di una "Società Segreta" tra le scimmie ha catturato l'immaginazione del pubblico e ha portato a un maggiore interesse per la complessità delle interazioni sociali tra gli animali. La scoperta potrebbe offrire nuovi spunti sul comportamento sociale degli animali e sulle dinamiche di gruppo all'interno delle specie.

32 . "Bambina di 8 anni organizza una raccolta fondi per costruire un parco giochi accessibile a tutti"

Un'energica bambina di 8 anni è diventata un'ispirazione nella sua comunità dopo aver intrapreso una missione per rendere il parco giochi locale accessibile a tutti i bambini, indipendentemente dalle loro abilità. La giovane attivista ha notato che alcuni dei suoi amici non potevano giocare liberamente nel parco a causa di limitazioni fisiche.

Determinata a fare la differenza, la bambina ha iniziato una raccolta fondi coinvolgendo familiari, amici e vicini. Organizzando eventi di beneficenza, vendite di dolci e coinvolgendo la comunità, è riuscita a raccogliere abbastanza fondi per contribuire alla realizzazione di un parco giochi accessibile a tutti.

L'iniziativa della bambina ha attirato l'attenzione dei media e ha suscitato interesse a livello nazionale. Grazie alla sua determinazione, il parco giochi è stato ristrutturato per includere attrezzature adatte a bambini con diversi tipi di abilità, offrendo un luogo di gioco e socializzazione inclusivo.

La storia della bambina ha dimostrato che anche i bambini possono essere agenti di cambiamento positivo, incoraggiando gli altri a seguire il suo esempio e a lavorare insieme per creare comunità più inclusive e accoglienti.

32 . "Turisti inseguiti da orso fotografo in un parco nazionale"

Un incontro insolito tra un gruppo di turisti e un orso in un parco nazionale ha portato a una serie di fotografie straordinarie, scattate proprio dall'orso stesso. Mentre i turisti stavano ammirando il paesaggio e la fauna selvatica, un orso curioso ha deciso di avvicinarsi e interagire con loro in modo sorprendente.

L'orso sembrava particolarmente interessato alla fotocamera di uno dei turisti, e ha iniziato a giocare con l'attrezzatura fotografica, premendo i pulsanti e "scattando" foto. Questo ha portato a una serie di scatti spontanei che mostrano l'orso da un punto di vista unico e insolito.

I turisti sono rimasti sorpresi e affascinati dalla situazione, cercando di mantenere una distanza di sicurezza mentre l'orso si divertiva con la fotocamera. Fortunatamente, nessuno è rimasto ferito e l'orso alla fine ha perso interesse e si è allontanato.

Le fotografie scattate dall'orso sono diventate virali sui social media, attirando l'attenzione di appassionati di fotografia e amanti della natura. La situazione insolita ha rinfocolato i dibattiti sulla convivenza tra gli esseri umani e la fauna selvatica e ha dimostrato quanto possano essere sorprendenti e imprevedibili gli incontri nella natura.

33 . "Bambino di 9 anni stabilisce un nuovo record con la sua collezione di calamite"

Un bambino di 9 anni è entrato a far parte del libro dei record dopo aver creato la collezione di calamite più grande e variegata mai registrata. La sua passione per le calamite è iniziata quando ne ha ricevuta una in un souvenir durante una vacanza in famiglia. Da allora, ha iniziato a collezionarle da tutto il mondo, accumulando una vasta gamma di design e stili unici.

La sua collezione eclettica comprende calamite raffiguranti luoghi, cibi, animali e oggetti di ogni tipo. Con determinazione e dedizione, il bambino ha catalogato e organizzato le sue calamite in modo meticoloso, dimostrando una padronanza sorprendente nel riconoscere i dettagli più sfumati.

La notizia della sua impresa è stata diffusa su giornali e programmi televisivi, catturando l'attenzione di altri appassionati di collezionismo e ispirando molti a esplorare le proprie passioni in modo creativo. La storia del giovane collezionista ha dimostrato come anche i passatempi più insoliti possono portare a risultati sorprendenti e a un riconoscimento straordinario.

34 . "Artista dipinge con il caffè: Opere d'arte effimere realizzate con la caffeina"

Un artista innovativo sta catturando l'attenzione del mondo dell'arte con la sua tecnica unica di pittura: utilizza il caffè come mezzo per creare opere d'arte effimere. Questo creativo artista dipinge con caffè appositamente preparato, utilizzando tonalità diverse ottenute dalla variazione di concentrazione e dalla temperatura del liquido.
Le opere d'arte realizzate con il caffè si distinguono per il loro aspetto caratteristico e sfumato, che conferisce loro una sensazione di profondità e mistero. L'artista sfrutta abilmente la tonalità e le sfumature del caffè per creare dettagli sorprendenti, dalla sfumatura del nero intenso all'oro scuro e ai toni più chiari di latte macchiato.
L'effimera natura del caffè lo rende un mezzo particolarmente adatto per la creazione di opere temporanee. Le opere d'arte possono durare solo per un certo periodo prima di iniziare a svanire, aggiungendo un elemento di transitorietà e bellezza fugace alle creazioni dell'artista.
Le opere d'arte a base di caffè hanno catturato l'interesse dei collezionisti e degli appassionati d'arte in tutto il mondo. Le esposizioni dell'artista hanno attirato folla e ammirazione, dimostrando come anche il quotidiano caffè possa trasformarsi in un medium artistico sorprendente e affascinante.

35 . "Pinguini dell'Antartide diventano esperti ballerini: Coreografie sorprendenti sulla banchisa ghiacciata"

Un gruppo di pinguini dell'Antartide ha catturato l'attenzione degli studiosi e degli appassionati di natura con le loro straordinarie abilità di danza sulla banchisa ghiacciata. Questi pinguini si sono distinti per le loro coreografie sincronizzate e l'energia contagiosa che mostrano durante i loro spettacolari rituali di corteggiamento.

Gli scienziati hanno osservato che i pinguini sembrano impegnarsi in elaborati schemi di danza mentre cercano di attrarre l'attenzione dei potenziali compagni. Le performance includono movimenti coordinati, salti acrobatici e graziose sfilate, il tutto sulla superficie ghiacciata dell'Antartide.

Mentre il comportamento di danza dei pinguini è da tempo noto, sembra che questo gruppo particolare si sia evoluto per sviluppare coreografie sempre più intricate e spettacolari. Gli studiosi stanno studiando attentamente le dinamiche di questi spettacoli di corteggiamento per comprendere meglio l'importanza della danza nel processo di accoppiamento e nella coesione del gruppo.

Le immagini e i video delle abilità di danza dei pinguini hanno catturato l'immaginazione del pubblico, diventando virali sui social media e portando una maggiore attenzione all'affascinante mondo dell'Antartide. Le coreografie dei pinguini hanno dimostrato ancora una volta quanto sia sorprendente e diversificata la vita selvatica su questo remoto continente.

36 . "Bambino di 7 anni diventa il più giovane vincitore di un concorso di pittura internazionale"

Un giovane artista di soli 7 anni ha catturato l'attenzione del mondo dell'arte diventando il più giovane vincitore di un prestigioso concorso di pittura internazionale. Il bambino ha presentato un dipinto ispirato alla sua immaginazione vivace e alla sua passione per la natura.

Il suo dipinto è stato scelto tra migliaia di partecipanti provenienti da tutto il mondo, impressionando la giuria con la sua originalità e la sua capacità di trasmettere emozioni attraverso l'arte. Il bambino ha dimostrato una comprensione sorprendente delle tecniche artistiche e una maturità creativa ben oltre la sua età.

La notizia della sua vittoria ha fatto il giro dei media e delle piattaforme social, ispirando altri giovani artisti e dimostrando che il talento e la creatività non hanno limiti di età. La storia del giovane artista ha servito da esempio di come il mondo dell'arte possa essere aperto e accessibile a tutti, indipendentemente dalla loro giovane età.

37 . "Festival della Barba e dei Baffi: Record di partecipazione per le più stravaganti creazioni pilifere"

In un pittoresco villaggio, si è svolto un Festival della Barba e dei Baffi che ha attirato partecipanti da tutto il mondo per mostrare le loro stravaganti e elaborate creazioni pilifere. L'evento, che celebra l'arte e la creatività legate alla cura e alla modellatura dei capelli facciali, ha stabilito un record di partecipazione e ha stupito i visitatori con una varietà di stili audaci e fantasiosi.

I concorrenti hanno sfoggiato una vasta gamma di acconciature facciali eccentriche, dalle barbe intrecciate e intarsiate a baffi a forma di animali, oggetti e persino opere d'arte famose. Gli artigiani dei capelli facciali hanno dimostrato una maestria straordinaria nel plasmare le loro folte ciocche in forme uniche e sorprendenti.

Una giuria di esperti ha valutato le creazioni in base a fattori come la complessità, l'originalità e l'attenzione ai dettagli. I partecipanti si sono presentati fieri, esibendo le loro opere d'arte pilifere in una passerella appositamente allestita per l'occasione.

Il Festival della Barba e dei Baffi ha attirato l'interesse dei media e del pubblico internazionale, dimostrando che la creatività umana può essere espressa anche attraverso forme sorprendenti e inusuali, come i capelli facciali. L'evento ha creato un'atmosfera di festa e di divertimento, oltre a fornire una piattaforma per esibire il talento e la dedizione dei partecipanti nel creare autentiche opere d'arte con i propri baffi e barbe.

38 . "Bambino di 6 anni diventa un eroe locale dopo aver aiutato a ritrovare il cane smarrito di un vicino"

Un bambino di soli 6 anni è diventato un eroe nel suo quartiere dopo aver giocato un ruolo chiave nel ritrovamento di un cane smarrito. Il cane, di nome Max, era sfuggito alla sorveglianza del suo proprietario e si era perso nelle vicinanze.

Il giovane eroe, appassionato di avventure e ispirato dai racconti di ricerca e salvataggio, ha deciso di mettere le sue abilità in azione. Utilizzando un fischietto e richiamando il cane con voce chiara e amichevole, è riuscito a individuare Max nascosto in un cespuglio non lontano da casa.

Il proprietario del cane era pieno di gratitudine per l'abilità e la determinazione del bambino, che ha dimostrato un'empatia straordinaria e una capacità di risolvere problemi ben al di là della sua età.

La storia ha fatto il giro del quartiere, catturando l'attenzione dei media locali e dimostrando come anche i bambini più giovani possano fare una differenza positiva nella loro comunità. Il giovane eroe è stato applaudito per la sua gentilezza e il suo coraggio, dimostrando che ogni atto di gentilezza può avere un impatto significativo sulle vite degli altri.

39 . "Scimmie nella giungla adottano cucciolo di leopardo: Un'insolita relazione inter-specie"

Nelle profondità della giungla tropicale, è stata osservata una situazione straordinaria: un gruppo di scimmie ha adottato un cucciolo di leopardo, sfidando le norme della gerarchia e della predazione nella natura. Gli scienziati hanno documentato questa rara relazione inter-specie che sfida le aspettative.

Le scimmie, inizialmente impaurite dal cucciolo di leopardo, sembrano aver sviluppato un legame unico con il giovane felino. Gli studiosi ritengono che la relazione sia nata da una combinazione di curiosità, istinto materno e la mancanza di pericolo per le scimmie, poiché il cucciolo di leopardo è troppo piccolo per costituire una minaccia.

Le scimmie si sono prese cura del cucciolo, nutrendolo e accudendolo come farebbero con la propria prole. Il cucciolo di leopardo, a sua volta, sembra aver accettato le scimmie come parte del suo ambiente sociale. Gli scienziati stanno studiando questa straordinaria dinamica per capire meglio come le diverse specie possano interagire in modi inaspettati e quali impatti possano avere su entrambe le parti coinvolte.

La storia dell'adozione delle scimmie ha attirato l'attenzione dei media e ha generato un dibattito sulla natura delle relazioni inter-specie. Mentre gli scienziati cercano di scoprire di più su questa relazione insolita, il cucciolo di leopardo e le scimmie sono diventati un simbolo di cooperazione e di legami inaspettati che possono sorgere nel mondo naturale.

40 .   "Incredibile scoperta archeologica: Città sommersa emergente dal lago"

Un'eccezionale scoperta archeologica ha lasciato il mondo senza parole: una città sommersa è emersa dalle profondità di un lago, svelando un tesoro di antiche strutture e reperti. L'insolito evento è stato il risultato di una siccità prolungata che ha causato un notevole abbassamento del livello dell'acqua, rivelando una vista mozzafiato di ciò che una volta fu una comunità prospera.

Gli archeologi sono entrati in azione rapidamente, studiando con attenzione le strutture sommerse e recuperando una varietà di oggetti, tra cui ceramiche, monete e manufatti d'epoca. I reperti raccontano la storia di una civiltà sconosciuta che un tempo abitava la regione e dipingono un ritratto affascinante della vita quotidiana e delle tradizioni del passato.

Le immagini della città sommersa emergente sono diventate virali sui social media, attirando l'attenzione di appassionati di storia, archeologi e curiosi di tutto il mondo. La scoperta ha suscitato dibattiti su come gestire e preservare il sito archeologico, oltre a generare nuovi interrogativi sulla caduta e l'abbandono di questa antica città.

Gli archeologi stanno ora lavorando per esplorare ulteriormente la città sommersa e gettare luce sulle sue origini e sulla sua storia. L'emersione della città è stata una rara occasione per svelare i segreti di un passato nascosto e ha dimostrato ancora una volta che il nostro pianeta è pieno di sorprese archeologiche inaspettate.

41 .   "Villaggio italiano adotta capre come 'impiegati' per ridurre l'erba nei parchi pubblici"

In un'innovativa iniziativa volta a preservare l'ambiente e promuovere la sostenibilità, un pittoresco villaggio italiano ha adottato una squadra di capre come 'impiegati' per mantenere in ordine i parchi pubblici. Le capre, con il loro appetito naturale per l'erba, stanno dimostrando di essere ecologiche e affascinanti 'giardinieri' urbani.

L'iniziativa è nata dall'idea di promuovere metodi di cura del verde più sostenibili, evitando l'uso di macchinari pesanti o prodotti chimici. Le capre sono state portate nei parchi e lasciate libere di pascolare, contribuendo a mantenere il terreno pulito e ben curato.

I residenti del villaggio hanno accolto con entusiasmo l'arrivo delle capre, che sono diventate una parte integrante della comunità. I bambini sono particolarmente affascinati dai nuovi 'giardinieri', che hanno portato un senso di connessione con la natura e una maggiore consapevolezza ambientale.

L'iniziativa delle capre 'giardinieri' ha attirato l'attenzione dei media nazionali e internazionali, offrendo un esempio di come soluzioni creative e naturali possano essere adottate per affrontare le sfide ambientali nelle comunità urbane. Le capre non solo contribuiscono alla manutenzione dei parchi, ma rappresentano anche un modo unico e affascinante per coinvolgere i residenti nel processo di cura del proprio ambiente.

42 . "Scimpanzé artista espone opere d'arte in una galleria d'arte prestigiosa"

L'arte ha assunto una nuova dimensione quando un talentuoso scimpanzé è stato invitato a esporre le sue opere d'arte in una rinomata galleria d'arte. L'artista in questione, di nome Coco, ha creato una serie di dipinti sorprendenti utilizzando pennelli e colori, dimostrando un livello di creatività e abilità che ha catturato l'attenzione del mondo dell'arte.

Coco, che vive in un santuario per primati, è stato introdotto alla pittura come parte di un programma di arricchimento ambientale. Tuttavia, il suo talento è andato oltre le aspettative, con dipinti che mostrano una varietà di stili e tecniche. Le opere d'arte includono colorate astrazioni, ritratti espressivi e composizioni sorprendenti.

La galleria d'arte ha accolto l'idea di esporre le opere di Coco come una celebrazione della creatività nelle diverse forme di vita. L'esposizione ha suscitato un dibattito acceso sulla definizione di arte e sulla natura dell'espressione creativa. Mentre alcuni critici si sono chiesti se Coco abbia davvero una comprensione dell'arte o se sia semplicemente una forma di gioco, altri hanno elogiato le opere per la loro bellezza e originalità.

L'esposizione delle opere d'arte di Coco ha attirato l'attenzione dei media e del pubblico, portando una nuova luce sull'intelligenza e la creatività degli animali. Mentre il dibattito continua, Coco è diventato un'icona dell'arte unica nel suo genere, dimostrando che l'ispirazione artistica può emergere da fonti inaspettate e affascinanti.

43 . "Gatto postino: Affettuoso felino consegna messaggi nel quartiere"

Un gatto straordinariamente intelligente e affettuoso sta conquistando il cuore dei residenti di un quartiere mentre si impegna nella sua insolita occupazione di "postino". Questo simpatico felino, di nome Whisker, è diventato un vero e proprio messaggero, portando biglietti e messaggi tra le case e i loro destinatari.
La storia di Whisker è iniziata quando ha iniziato a portare piccoli oggetti nelle case dei suoi vicini, dai ganci per chiavi alle piccole pietre. Presto, i residenti hanno iniziato a scrivere messaggi affettuosi e biglietti di ringraziamento e ad attaccarli al collare di Whisker. Sorprendentemente, il gatto ha iniziato a consegnare i messaggi alle persone giuste, andando da una casa all'altra con il suo carico prezioso.
Whisker è diventato un ospite benvenuto in molte case del quartiere, dove viene accolto con carezze e trattamenti speciali per il suo ruolo di postino peloso. I residenti si sono affezionati a lui e considerano i suoi servizi di consegna un'aggiunta affascinante alla vita di quartiere.
La storia di Whisker è diventata virale sui social media, attirando l'attenzione di amanti degli animali e appassionati di storie insolite. Mentre il mondo moderno si affida sempre più alle tecnologie di comunicazione avanzate, la storia di Whisker ci ricorda che a volte la semplicità e il calore di un affettuoso gatto possono portare un tocco speciale alla vita quotidiana.

44 . "Incredibile fenomeno luminoso: Aurora boreale avvistata inaspettatamente nei cieli tropicali"

Uno spettacolo celeste straordinario ha lasciato gli abitanti di una regione tropicale senza parole quando un'aurora boreale è stata avvistata nei loro cieli, solitamente lontani da queste meravigliose manifestazioni luminose. L'evento ha portato gioia e meraviglia mentre i residenti scrutavano il cielo notturno per ammirare la rara spettacolare visione.

L'aurora boreale è un fenomeno naturale causato dall'interazione delle particelle solari con l'atmosfera terrestre, di solito visibile in regioni vicine ai poli. Tuttavia, in questo caso, le condizioni atmosferiche insolite hanno permesso a questo affascinante spettacolo di luce e colore di apparire molto più vicino all'equatore.

Gli abitanti della regione si sono riversati all'aperto, con telecamere e telefoni cellulari in mano, per catturare e condividere l'incredibile spettacolo con il resto del mondo. Le immagini e i video dell'aurora boreale nei cieli tropicali sono diventati virali sui social media, suscitando meraviglia e ammirazione da parte di persone in tutto il mondo.

Gli scienziati stanno ancora studiando le cause esatte di questo fenomeno unico, che ha portato una magia inaspettata ai cieli notturni di una regione tropicale. L'aurora boreale improvvisa e straordinaria ha dimostrato ancora una volta la bellezza e la misteriosa potenza della natura, portando un senso di meraviglia e connessione tra persone di diverse parti del pianeta.

45 . "Ragazzo di 10 anni diventa CEO di una startup: L'imprenditoria nell'era dei giovani prodigi"

Un giovane ragazzo di soli 10 anni sta facendo notizia nel mondo degli affari come CEO di una startup innovativa. La sua storia è un esempio straordinario di come l'imprenditoria stia evolvendo nell'era dei giovani prodigi, dimostrando che l'età non è un ostacolo per il successo imprenditoriale.

Il giovane CEO ha fondato la sua startup basata su un'idea originale che ha catturato l'attenzione degli investitori e dei media. Nonostante la sua giovane età, ha dimostrato una notevole abilità nel gestire aspetti aziendali complessi, come la pianificazione strategica, il marketing e la gestione delle risorse umane.

La storia del ragazzo imprenditore ha attirato l'attenzione di esperti di business e ispirato altri giovani a perseguire le proprie idee imprenditoriali. Molti vedono la sua storia come un esempio di come la tecnologia e l'accesso alle risorse online abbiano reso l'imprenditoria più accessibile alle nuove generazioni, consentendo loro di portare avanti le proprie passioni e innovazioni.

Mentre la sua startup continua a crescere e a ottenere successo, il giovane CEO sta dimostrando che non c'è limite all'età quando si tratta di realizzare i propri sogni e avere successo nel mondo degli affari. La sua storia è un segno dei tempi che riflette l'evoluzione dell'imprenditoria e l'importanza di incoraggiare la creatività e l'innovazione fin dalla giovane età.

46 . "Ballo delle luci nel deserto: Incredibile spettacolo di lucciole illumina le notti aride"

Nel cuore di un deserto arido e apparentemente inospitale, si è svolto uno spettacolo stupefacente quando un'enorme popolazione di lucciole ha illuminato le notti con un'esplosione di luci scintillanti. Questo fenomeno eccezionale ha portato vita e bellezza a un ambiente solitamente desolato, creando un'atmosfera magica e surreale.

Le lucciole, con le loro luci verdi e blu brillanti, hanno trasformato il paesaggio desertico in un balletto di luci affascinante. Gli scienziati ritengono che il fenomeno sia stato causato da condizioni ambientali eccezionali, tra cui l'abbondanza di umidità e il periodo di accoppiamento delle lucciole.

I residenti della zona e i turisti si sono affrettati a godersi lo spettacolo, con visite notturne per ammirare le luci danzanti delle lucciole nel deserto. Le immagini e i video di questo fenomeno straordinario sono diventati virali sui social media, attirando l'attenzione di persone di tutto il mondo che sono state affascinate dalla bellezza inaspettata e fugace.

Il ballo delle luci nel deserto ha dimostrato ancora una volta quanto sia imprevedibile e sorprendente la natura, e come anche gli ambienti più ostili possano rivelare momenti di magia e meraviglia. L'evento ha creato un legame speciale tra l'uomo e la natura, offrendo un ricordo indelebile di un'esperienza unica nel suo genere.

47 . "Illuminazione artistica degli alberi: Bosco trasformato in una fiabesca foresta incantata"

Un bosco secolare è stato trasformato in un'opera d'arte vivente grazie a un'incredibile illuminazione artistica che ha trasportato i visitatori in una foresta incantata. Gli alberi sono stati delicatamente illuminati con luci colorate e proiezioni suggestive, creando un'atmosfera magica e surreale che sembra uscita da una fiaba.
L'installazione luminosa è stata progettata da artisti locali e ha richiesto settimane di preparazione e lavoro per creare l'effetto desiderato. Le luci danzanti, i colori vibranti e le ombre giocose hanno trasformato l'ambiente naturale in una scena di pura meraviglia.
I visitatori hanno potuto passeggiare tra gli alberi illuminati, immergendosi in una realtà alternativa di luce e colore. L'illuminazione artistica ha reso l'esperienza di visitare il bosco unica e indimenticabile, offrendo un modo nuovo e creativo di interagire con la natura.
Le immagini e i video della foresta incantata sono diventati virali sui social media, attirando l'attenzione di amanti dell'arte, appassionati di natura e sognatori di tutto il mondo. L'installazione luminosa ha dimostrato come l'arte può arricchire e trasformare l'ambiente naturale, creando connessioni emotive e offrendo una nuova prospettiva sulla bellezza della natura stessa.

48 . "Biblioteca itinerante su ruote: Libri e conoscenza percorrono le strade del paese"

Un'innovativa iniziativa sta portando la gioia della lettura e della conoscenza direttamente nelle strade di un paese, grazie a una biblioteca itinerante su ruote. Questo veicolo speciale, trasformato in una biblioteca su misura, sta viaggiando da comunità a comunità, offrendo accesso gratuito a libri, riviste e risorse educative.
La biblioteca itinerante è diventata un vero e proprio punto focale di apprendimento e interazione sociale, attirando lettori di tutte le età. I

residenti possono sfogliare i libri, prendere in prestito materiale e partecipare a eventi letterari ed educativi organizzati all'interno del veicolo.

Questa iniziativa ha dimostrato di essere particolarmente preziosa nelle comunità rurali e remote, dove l'accesso a libri e risorse educative potrebbe essere limitato. La biblioteca itinerante ha portato un nuovo livello di accessibilità alla conoscenza, contribuendo a stimolare la curiosità, la creatività e l'apprendimento nelle persone di tutte le età.

L'idea della biblioteca itinerante su ruote ha catturato l'attenzione di altre comunità e istituzioni, ispirando discussioni sulla promozione della lettura e dell'istruzione attraverso mezzi innovativi. L'iniziativa ha dimostrato che l'amore per i libri e la sete di conoscenza possono essere coltivati ovunque, anche attraverso iniziative creative e mobili come questa.

49 . "Cane da salvataggio marino: Eroe a quattro zampe soccorre nuotatori in difficoltà"

Un cane coraggioso e addestrato è diventato un eroe improvvisato quando ha effettuato un salvataggio di emergenza in mare, soccorrendo nuotatori in difficoltà e portandoli sani e salvi alla riva. Questo eccezionale cane da salvataggio, di nome Max, ha dimostrato che l'istinto di aiutare non è limitato solo agli esseri umani.

Mentre era in spiaggia con il suo padrone, Max ha percepito la presenza di nuotatori in difficoltà e si è tuffato in acqua senza esitazione. Nuotando con forza, Max ha raggiunto i nuotatori esausti e ha trascinato ognuno di loro verso la riva, offrendo sostegno e comfort durante il pericoloso momento.

Il coraggioso atto di Max è stato catturato da testimoni increduli, che hanno documentato l'eroico salvataggio in video e foto. Le immagini di Max che trascina i nuotatori in difficoltà sono diventate virali sui social media, toccando il cuore delle persone e dimostrando il potere dell'amore e dell'altruismo animale.

Max è stato elogiato come un vero e proprio eroe a quattro zampe, ricevendo riconoscimenti e attenzione da parte dei media e della comunità locale. Il suo gesto straordinario ha sottolineato ancora una volta il legame speciale che può esistere tra gli animali e gli esseri umani, e ha ispirato un rinnovato senso di ammirazione per il mondo degli animali.

50 . "Risata collettiva mondiale: Persone di tutto il mondo si uniscono per una maratona di comicità"

In un momento in cui il mondo ha bisogno di un sorriso, una straordinaria iniziativa ha portato persone di diverse nazionalità e culture a unirsi per una maratona di risate collettive. Migliaia di partecipanti da tutto il mondo si sono connessi online per condividere battute, storie divertenti e momenti comici, creando un'atmosfera di gioia e leggerezza globale.

L'evento è stato organizzato con l'obiettivo di diffondere positività e connessione umana in un periodo di incertezza e tensione. Durante la maratona di comicità, le persone hanno condiviso storie personali divertenti, meme esilaranti e battute spiritose, creando un flusso continuo di risate attraverso le piattaforme digitali.

La maratona di risate collettiva ha dimostrato il potere unificante dell'umorismo e della condivisione di momenti felici. Partecipanti di tutte le età e provenienze culturali hanno trovato un modo per connettersi attraverso il linguaggio universale della risata, rafforzando il concetto che l'umorismo può superare le barriere culturali e linguistiche.

L'evento ha attirato l'attenzione dei media e ha ispirato una serie di iniziative simili in tutto il mondo, dimostrando che, anche di fronte alle sfide globali, la risata può essere un potente strumento per creare un senso di comunità e allegria. La maratona di risate ha lasciato un'impronta positiva duratura, ricordando a tutti che il sorriso è un linguaggio universale capace di unire le persone in un abbraccio globale di gioia.

51 . "Sculture di sabbia monumentali incantano la spiaggia: Opere d'arte effimere messe in mostra"

Le coste di una località balneare sono diventate la tela per opere d'arte straordinarie, quando un gruppo di artisti ha creato sculture di sabbia monumentali che hanno incantato i visitatori. Le opere, realizzate con cura e precisione, trasformano temporaneamente la spiaggia in una galleria all'aperto, offrendo un'esperienza visiva unica e affascinante.

Le sculture di sabbia, alcune delle quali raggiungono altezze impressionanti, includono rappresentazioni dettagliate di creature marine, figure mitologiche e icone culturali. Gli artisti si sono dedicati a scolpire ogni dettaglio con strumenti semplici, creando opere d'arte che si ergono come monumenti temporanei sulla sabbia.

I visitatori della spiaggia sono stati attratti dalle sculture, con molte persone che si sono fermate per ammirare e fotografare le opere. L'effimera natura delle sculture di sabbia aggiunge un elemento di fugacità e meraviglia all'esperienza, poiché le opere lentamente si dissolvono nel vento e nell'acqua.

Le immagini delle sculture di sabbia monumentali sono diventate virali sui social media, attirando l'attenzione di appassionati di arte e amanti del mare da tutto il mondo. Questo evento ha dimostrato che la bellezza dell'arte può essere trovata ovunque, anche in materiali naturali e temporanei come la sabbia, e ha ispirato un nuovo apprezzamento per l'arte e la creatività all'aria aperta.

52 . "Studenti lanciano il 'Progetto Natura' per rigenerare spazi urbani trascurati"

Un gruppo di studenti appassionati ha dato vita al "Progetto Natura", un'iniziativa audace che mira a trasformare spazi urbani trascurati in oasi verdi rigenerate. Attraverso il lavoro di piantumazione, giardinaggio e recupero, questi giovani hanno dimostrato come la collaborazione e la dedizione possano ridare vita a luoghi che erano stati lasciati in abbandono.

Il "Progetto Natura" ha coinvolto studenti di tutte le età e provenienze, uniti dalla volontà di fare la differenza nell'ambiente urbano circostante. Hanno trasformato spazi abbandonati, come terreni vuoti e cortili inutilizzati, in giardini rigogliosi e accoglienti, completi di piante, fiori e zone di relax per la comunità.

L'iniziativa ha avuto un impatto significativo sulla comunità locale, non solo migliorando l'estetica degli spazi urbani, ma anche creando luoghi di incontro e condivisione. I residenti ora godono di aree verdi dove possono rilassarsi, socializzare e godere della bellezza della natura in mezzo alla città.

Il "Progetto Natura" ha attirato l'attenzione dei media e ha ispirato altre comunità a intraprendere iniziative simili di rigenerazione urbana. Questi giovani studenti hanno dimostrato che anche con risorse limitate, la passione e la collaborazione possono portare a cambiamenti positivi nell'ambiente circostante, lasciando un'impronta duratura di amore per la natura e per la comunità.

53 . "Bambini e anziani: Un'iniziativa intergenerazionale crea legami speciali"

Un'innovativa iniziativa intergenerazionale sta creando legami significativi tra bambini e anziani, dimostrando che la condivisione di esperienze e affetto può attraversare le differenze di età. Questa iniziativa ha riunito giovani studenti delle scuole locali con anziani residenti in case di riposo, dando vita a un'interazione preziosa e allegra.

I bambini trascorrono del tempo con gli anziani, partecipando a attività come la lettura, la pittura, la musica e il giardinaggio. Queste interazioni hanno dimostrato di avere effetti positivi su entrambi i gruppi, con gli anziani che trovano gioia nell'energia e nell'entusiasmo dei bambini, mentre i bambini imparano preziose lezioni di vita dai loro nuovi amici più anziani.

L'iniziativa ha creato un ambiente in cui le storie vengono condivise, le risate riempiono l'aria e le relazioni crescono. Gli anziani trasmettono saggezza, esperienza e affetto ai giovani, mentre i bambini portano gioia, vitalità e nuove prospettive agli anziani.

Le storie di queste connessioni intergenerazionali hanno ispirato altre comunità a intraprendere iniziative simili, riconoscendo il valore dell'interazione tra le diverse età. Questo esempio di amore, comprensione e rispetto reciproco ha dimostrato che, indipendentemente dall'età, tutti possono beneficiare dell'opportunità di connettersi con gli altri in modi significativi e gratificanti.

54 . "Rinascita urbana: Fabbrica abbandonata trasformata in un vivace centro culturale"

In un esempio sorprendente di rinascita urbana, una fabbrica abbandonata è stata trasformata in un vibrante centro culturale che attira residenti e visitatori con eventi artistici, spettacoli e attività interattive. Questa trasformazione ha dimostrato come gli spazi dismessi possano essere reinventati per dare nuova vita alla comunità e all'arte.

L'edificio industriale in disuso è stato ristrutturato con attenzione, mantenendo elementi storici mentre si adattava a nuovi scopi. Oggi ospita gallerie d'arte, teatri, laboratori creativi e spazi per performance dal vivo. Questo centro culturale è diventato un'attrazione popolare, riunendo persone di tutte le età e interessi.

L'iniziativa ha contribuito a ridare slancio all'economia locale, attirando turisti e stimolando la crescita delle attività commerciali circostanti. Inoltre, ha dato una nuova vita a un edificio una volta trascurato, dimostrando il potenziale di riutilizzo degli spazi urbani abbandonati.

La rinascita della fabbrica in un vivace centro culturale è diventata un esempio ispiratore per altre città e comunità che cercano di ravvivare spazi inutilizzati e promuovere l'arte e la cultura. Questo progetto dimostra che con la giusta visione e sforzo, è possibile trasformare vecchie strutture in luoghi che nutrono l'immaginazione, promuovono la connessione umana e celebrano l'espressione creativa.

55 . "Guerrieri della spazzatura: Giovani attivisti lottano per un mondo più pulito"

Un gruppo di giovani attivisti sta combattendo la battaglia contro l'inquinamento in una campagna chiamata "Guerrieri della spazzatura". Questi giovani, mossi da una profonda preoccupazione per l'ambiente, si sono uniti per organizzare pulizie comunitarie, sensibilizzare sull'importanza del riciclaggio e ispirare un cambiamento positivo nelle abitudini di consumo.

Armati di sacchi per la spazzatura e guanti, i "Guerrieri della spazzatura" si sono uniti per ripulire parchi, spiagge, strade e spazi pubblici, rimuovendo rifiuti e detriti. La loro determinazione e dedizione hanno attirato l'attenzione della comunità e dei media, ispirando altre persone a unirsi alla loro causa.

Oltre alle pulizie comunitarie, gli attivisti organizzano workshop educativi, eventi di sensibilizzazione e campagne per promuovere l'uso consapevole delle risorse e la riduzione dei rifiuti. Il loro impegno ha contribuito a innescare una maggiore consapevolezza e responsabilità ambientale tra i giovani e l'intera comunità.

La campagna dei "Guerrieri della spazzatura" ha dimostrato che l'azione collettiva può fare la differenza nell'affrontare le sfide ambientali. Questi giovani attivisti stanno dimostrando il potenziale di unire le forze per un obiettivo comune, dimostrando che anche piccoli sforzi possono portare a un cambiamento positivo e duraturo per il pianeta.

56 . "Viaggio nella storia: Studenti ricostruiscono un antico villaggio come parte di un progetto educativo"

Un gruppo di studenti appassionati di storia ha intrapreso un viaggio nel passato attraverso un progetto educativo unico: la ricostruzione di un antico villaggio. Guidati dalla curiosità e dalla passione per la storia, questi giovani si sono dedicati a ricreare fedelmente le strutture, gli abiti e lo stile di vita di un'epoca lontana.

Il progetto ha coinvolto ricerche approfondite su materiali, tecniche e cultura dell'epoca, con gli studenti che hanno lavorato insieme per costruire capanne, oggetti artigianali e perfino costumi tradizionali. La realizzazione di ogni dettaglio è stata guidata da una profonda sete di conoscenza e un desiderio di dare vita al passato.

L'antico villaggio ricostruito è diventato un'attrazione educativa, aprendo le porte a visite da parte di studenti, famiglie e appassionati di storia. Gli studenti stessi sono diventati guide esperte, condividendo entusiasticamente ciò che hanno imparato durante il processo di ricostruzione.

Il progetto ha dimostrato l'importanza dell'apprendimento pratico e dell'immersione nella storia per creare una comprensione più profonda e tangibile del passato. Gli studenti coinvolti nel progetto hanno acquisito non solo conoscenze storiche, ma anche abilità di collaborazione, risoluzione dei problemi e creatività.

L'iniziativa di ricostruzione del villaggio è diventata un esempio ispiratore di come l'educazione può essere arricchita attraverso esperienze pratiche e coinvolgenti, dimostrando che i giovani possono scoprire la gioia dell'apprendimento mentre viaggiano nel tempo e scoprono le radici della cultura umana.

57 . "Concerto sottomarino: Musicisti regalano melodie subacquee a un pubblico inaspettato"

Una performance musicale straordinaria ha portato le melodie sottomarine in un'esperienza unica, quando un gruppo di musicisti ha tenuto un concerto sottomarino per un pubblico inaspettato. Sotto la superficie delle acque cristalline, i suoni si sono diffusi in un mondo sconosciuto, creando un'atmosfera magica e affascinante.

I musicisti hanno suonato strumenti speciali resistenti all'acqua e dotati di tecnologia subacquea, consentendo ai suoni di viaggiare attraverso l'acqua e raggiungere le orecchie dei partecipanti sottomarini. Gli ascoltatori, immersi nell'ambiente marino, hanno sperimentato una sinfonia di note e vibrazioni che si fondono con i suoni naturali dell'oceano.

Il concerto sottomarino ha attirato l'attenzione di appassionati di musica, subacquei e amanti della natura. Le immagini e i video dell'evento sono diventati virali sui social media, suscitando meraviglia e ammirazione da parte di persone di tutto il mondo.

Questa performance unica ha dimostrato come l'arte e la creatività possano attraversare i confini dei mondi terrestri e marini, creando un ponte tra l'umanità e la bellezza nascosta dei mari. Il concerto sottomarino ha offerto un nuovo modo di connettersi con la musica e la natura, lasciando un'impressione indelebile sull'esperienza sensoriale e artistica.

58 . "Concerto sottomarino: Musicisti regalano melodie subacquee a un pubblico inaspettato"

Una performance musicale straordinaria ha portato le melodie sottomarine in un'esperienza unica, quando un gruppo di musicisti ha tenuto un concerto sottomarino per un pubblico inaspettato. Sotto la superficie delle acque cristalline, i suoni si sono diffusi in un mondo sconosciuto, creando un'atmosfera magica e affascinante.

I musicisti hanno suonato strumenti speciali resistenti all'acqua e dotati di tecnologia subacquea, consentendo ai suoni di viaggiare attraverso l'acqua e raggiungere le orecchie dei partecipanti sottomarini. Gli ascoltatori, immersi nell'ambiente marino, hanno sperimentato una sinfonia di note e vibrazioni che si fondono con i suoni naturali dell'oceano.

Il concerto sottomarino ha attirato l'attenzione di appassionati di musica, subacquei e amanti della natura. Le immagini e i video dell'evento sono diventati virali sui social media, suscitando meraviglia e ammirazione da parte di persone di tutto il mondo.

Questa performance unica ha dimostrato come l'arte e la creatività possano attraversare i confini dei mondi terrestri e marini, creando un ponte tra l'umanità e la bellezza nascosta dei mari. Il concerto sottomarino ha offerto un nuovo modo di connettersi con la musica e la natura, lasciando un'impressione indelebile sull'esperienza sensoriale e artistica.

59 . "La rivoluzione degli orti urbani: Giardini verticali trasformano grattacieli in oasi verdi"

Una rivoluzione verde sta trasformando l'aspetto delle città, grazie a una tendenza in crescita di orti urbani verticali che trasportano la natura verso l'alto. I grattacieli, una volta simbolo di cemento e vetro, sono ora avvolti da pareti verdi rigogliose, creando un'armoniosa fusione tra architettura moderna e natura rigogliosa.

Gli orti verticali non solo aggiungono un tocco estetico affascinante alle città, ma hanno anche benefici tangibili per l'ambiente e la comunità. Le piante che coprono le facciate degli edifici aiutano a filtrare l'aria, ridurre l'inquinamento e fornire un ambiente più fresco all'interno degli edifici stessi.

Oltre ai benefici ambientali, gli orti verticali creano spazi di coltivazione inaspettati nelle aree urbane, consentendo alle comunità di coltivare prodotti freschi e sani. Molti edifici ospitano orti comunitari, in cui gli abitanti possono coltivare frutta, verdura ed erbe aromatiche, rafforzando il senso di comunità e promuovendo la sostenibilità alimentare.

L'idea degli orti urbani verticali sta guadagnando popolarità in tutto il mondo, con sempre più edifici che si uniscono alla rivoluzione verde. Questa tendenza sta dimostrando che la natura può trovare un posto anche nelle aree più densamente popolate, creando un equilibrio armonioso tra la vita urbana e la bellezza naturale.

60 . "Caccia al tesoro digitale: App per la realtà aumentata trasforma la città in un gioco interattivo"

Una nuova tendenza sta catturando l'attenzione dei cittadini e dei turisti, trasformando le strade della città in un'avventura di caccia al tesoro moderna grazie a un'app per la realtà aumentata. Le persone sono invitate a esplorare gli angoli nascosti della città, risolvere enigmi e scoprire tesori virtuali mentre interagiscono con l'ambiente circostante.

L'app per la realtà aumentata combina l'uso del telefono cellulare con elementi interattivi sovrapposti al mondo reale. Gli utenti seguono indizi visivi e sonori per trovare punti di interesse, risolvere rompicapi e completare missioni divertenti che li guidano attraverso un viaggio unico e coinvolgente.

La caccia al tesoro digitale ha attirato persone di tutte le età, stimolando la curiosità, la creatività e l'interazione sociale. Le famiglie si uniscono per risolvere enigmi, gli amici competono in squadre e i turisti esplorano la città in modo nuovo e avvincente.

L'app per la realtà aumentata ha trasformato la città in un campo di gioco entusiasmante, offrendo una nuova prospettiva sulla bellezza e l'energia del luogo. Questa tendenza dimostra come la tecnologia possa arricchire le esperienze di vita quotidiana, incanalando l'innovazione per creare momenti di gioia, scoperta e connessione.

61 . "Architetture fiabesche: Costruzioni uniche che sembrano uscite da un mondo fantastico"

Un insieme di edifici straordinari ha catturato l'immaginazione delle persone, trasportandole in un mondo da fiaba grazie a design architettonici unici e sorprendenti. Queste strutture mozzafiato sembrano uscite da un racconto incantato, con forme e colori che sfidano la logica e invitano a esplorare il confine tra realtà e fantasia. Dalle case in stile hobbit con tetti erbosi ai palazzi dalle facciate colorate e intricate, le architetture fiabesche catturano l'attenzione grazie alla loro stravaganza e originalità. Gli architetti dietro a queste opere d'arte moderne spesso traggono ispirazione dalla natura, dalla cultura locale o semplicemente dalla loro immaginazione senza limiti.

Le architetture fiabesche non sono solo spettacoli visivi, ma anche luoghi funzionali che ospitano case, uffici, negozi e spazi pubblici. Queste costruzioni insolite aggiungono un tocco di magia all'ambiente urbano, invitando le persone a esplorare, fotografare e sognare.

Le immagini di queste architetture fiabesche sono diventate virali sui social media, attirando l'attenzione di amanti dell'arte, viaggiatori e sognatori di tutto il mondo. Questi edifici straordinari dimostrano come l'architettura può essere un mezzo per esprimere la creatività, la fantasia e la bellezza, ispirando un senso di meraviglia e stupore in chiunque li incontri.

62 . "La moda del riciclo: Designer trasformano materiali inusuali in capi d'abbigliamento di lusso"

Un nuovo trend sta conquistando il mondo della moda, grazie a designer audaci che stanno trasformando materiali inusuali e riciclati in capi d'abbigliamento di lusso. Da tessuti vintage a materiali industriali, queste menti creative stanno dimostrando che la moda sostenibile e innovativa può essere straordinariamente affascinante.

I designer si dedicano a sperimentare con materiali inaspettati, dando vita a abiti, borse e accessori unici e sorprendenti. Vecchi tappeti diventano cappotti eleganti, copertine di libri diventano clutch raffinate e persino materiali industriali come gomma e plastica trovano nuova vita in forme sofisticate.

Questa tendenza non solo offre un'alternativa sostenibile alla moda tradizionale, ma promuove anche una maggiore consapevolezza sul consumo e il riciclo. I capi d'abbigliamento realizzati con materiali riciclati diventano dichiarazioni di stile e di impegno per l'ambiente, dimostrando che il lusso può andare di pari passo con la responsabilità.

Le passerelle di moda sono diventate vetrine per queste creazioni innovative, catturando l'attenzione di fashioniste e amanti della sostenibilità. Questa tendenza ha reso la moda una forma d'arte ancora più affascinante, dimostrando che l'immaginazione e la creatività possono davvero trasformare il modo in cui indossiamo il nostro mondo.

63 . "Teatro nelle strade: Performance itineranti portano l'arte al cuore delle città"

Una nuova ondata di espressione artistica sta invadendo le strade delle città di tutto il mondo, grazie a performance teatrali itineranti che portano l'arte e lo spettacolo direttamente al cuore delle comunità. Attori, musicisti e artisti di strada si uniscono per creare esperienze uniche e coinvolgenti che trasformano le strade in palcoscenici vibranti.

Le performance teatrali itineranti possono includere spettacoli di teatro di strada, concerti improvvisati, balletti urbani e performance di circo. Gli artisti portano la loro creatività e il loro talento in luoghi pubblici, trasformando piazze, parchi e angoli nascosti in arene per l'arte e lo spettacolo.

Questa tendenza sta cambiando la percezione delle città, trasformando spazi urbani in luoghi di ispirazione e meraviglia. Le performance itineranti attirano un pubblico variegato, che include residenti curiosi, turisti entusiasti e appassionati di cultura che cercano esperienze uniche e indimenticabili.

Le performance teatrali itineranti creano un senso di connessione e partecipazione, invitando il pubblico a sperimentare l'arte in modo nuovo e coinvolgente. Questa tendenza sta dimostrando che l'arte non è confinata alle gallerie e ai teatri, ma può emergere ovunque, trasformando le città in spazi vivaci di creatività e condivisione.

64 . "Robot amici: Le nuove tecnologie creano compagni digitali per l'apprendimento dei bambini"

Un'avventura educativa sta prendendo piede grazie a una generazione di robot amici che stanno rivoluzionando il modo in cui i bambini imparano e interagiscono con il mondo digitale. Questi affascinanti compagni tecnologici, progettati appositamente per i giovani studenti, offrono un'esperienza interattiva e coinvolgente che apre le porte a nuove opportunità di apprendimento.

I robot amici sono progettati per stimolare la curiosità e l'immaginazione dei bambini attraverso giochi, attività educative e conversazioni interattive. Attraverso l'uso di intelligenza artificiale e sensori avanzati, questi compagni digitali sono in grado di adattarsi alle esigenze e alle preferenze individuali di ciascun bambino, creando un'esperienza di apprendimento personalizzata.

Gli insegnanti e i genitori hanno accolto positivamente questa nuova forma di apprendimento, riconoscendo come i robot amici possano incoraggiare la partecipazione, la creatività e la comprensione in modi innovativi. I bambini si immergono in un mondo di avventure educative, collaborando con i loro amici robotici per risolvere problemi, esplorare nuove materie e sviluppare abilità preziose.

Questa tendenza sta aprendo nuovi orizzonti nell'educazione, dimostrando come la tecnologia possa essere utilizzata in modo positivo per arricchire l'apprendimento e promuovere lo sviluppo dei bambini. I robot amici non sono solo strumenti educativi, ma veri e propri compagni di viaggio nell'avventura dell'apprendimento, ispirando i bambini a esplorare, scoprire e crescere in modo entusiasmante e coinvolgente.

65 . "Viaggio culinario virtuale: Esperienze gastronomiche si spostano nel mondo digitale"

Un nuovo modo di gustare il cibo sta emergendo grazie a un'avventura culinaria virtuale che sta portando le esperienze gastronomiche direttamente nei nostri schermi. Le app e le piattaforme online stanno trasformando il modo in cui esploriamo, ordiniamo e godiamo dei piaceri del cibo, aprendo nuovi orizzonti nel mondo della cucina e del ristoro.

Attraverso tour virtuali, corsi di cucina online e esperienze di degustazione in streaming, le persone possono esplorare cucine di tutto il mondo senza mai lasciare le loro case. Chef talentuosi condividono le loro abilità e le loro ricette, offrendo la possibilità di imparare e creare piatti autentici da diverse culture.

Questa tendenza non solo offre opportunità di apprendimento e divertimento, ma crea anche un senso di connessione e condivisione attraverso la passione per il cibo. Gli appassionati possono partecipare a eventi di degustazione virtuale, scambiare idee e consigli culinari con persone da tutto il mondo e vivere un'esperienza multisensoriale attraverso lo schermo.

Mentre il mondo digitale si fonde sempre di più con il mondo culinario, è importante ricordare che l'esperienza virtuale è un complemento all'esperienza reale della cucina e del cibo. L'arte di condividere un pasto con amici e familiari, l'esplorazione di mercati locali e l'assaggio di piatti autentici in loco rimangono preziosi elementi dell'esperienza culinaria.

In definitiva, il viaggio culinario virtuale aggiunge un tocco di innovazione e globalità al mondo del cibo, consentendo a tutti di esplorare, imparare e condividere le gioie della cucina in modi nuovi e stimolanti. Che si tratti di migliorare le proprie abilità culinarie o semplicemente di assaporare nuovi sapori da casa propria, questa tendenza ci invita a esplorare un mondo di sapore attraverso la lente digitale.

66 . "Al di là delle stelle: Turismo spaziale apre nuovi orizzonti per l'esplorazione umana"

Un nuovo capitolo dell'esplorazione umana sta prendendo forma grazie al turismo spaziale, aprendo le porte a un'avventura oltre i confini terrestri. Con l'avanzamento della tecnologia e la collaborazione tra aziende private e agenzie spaziali, il sogno di viaggiare nello spazio sta diventando una realtà accessibile a un numero crescente di persone.

Gli astronauti di oggi possono non solo partecipare a missioni di ricerca e scoperta, ma anche godere di esperienze spaziali uniche, come l'osservazione della Terra dall'orbita, la sperimentazione di microgravità e persino il turismo sulla Luna o su stazioni spaziali in orbita.

Il turismo spaziale ha il potenziale per trasformare la nostra comprensione dell'universo e ispirare nuove generazioni di esploratori. Mentre viaggiare nello spazio rimane una sfida tecnologica e logistica, le innovazioni in corso stanno aprendo nuove opportunità per tutti coloro che aspirano a vedere la Terra da una prospettiva unica e affascinante.

Tuttavia, è importante sottolineare che il turismo spaziale è ancora un'esperienza di nicchia e comporta sfide significative. Dalla sicurezza delle missioni alla sostenibilità ambientale nello spazio, ci sono aspetti complessi da considerare mentre intraprendiamo questa nuova frontiera.

In definitiva, il turismo spaziale rappresenta un passo audace nell'esplorazione umana, aprendo la porta a possibilità entusiasmanti e avventurose. Mentre guardiamo al di là delle stelle e immaginiamo un futuro in cui viaggiare nello spazio diventa una realtà per molti, è fondamentale esaminare attentamente le implicazioni etiche, scientifiche e culturali di questa evoluzione, mantenendo sempre la curiosità e l'entusiasmo che ci spingono ad esplorare ciò che è ancora sconosciuto.

67 . "Microgiardini urbani: Una nuova tendenza verde si diffonde nelle città moderne"

Un movimento verde sta prendendo radici nelle città moderne grazie a una tendenza emergente di microgiardini urbani. Spazi di dimensioni ridotte, come balconi, finestre e persino pareti interne, stanno diventando terreni fertili per la coltivazione di piante, erbe e fiori, trasformando l'ambiente urbano in un'oasi di natura e serenità.

I microgiardini urbani offrono una soluzione creativa per connettersi con la natura nonostante lo spazio limitato delle città. Le persone stanno abbracciando questa tendenza, sperimentando la gioia di coltivare le proprie piante e creare angoli di verde in mezzo al cemento.

Dalla coltivazione di erbe aromatiche in vasi sul davanzale di una finestra alla creazione di giardini verticali su pareti interne, i microgiardini urbani si adattano a ogni spazio disponibile. Questi piccoli giardini sono una dichiarazione di amore per l'ambiente e un modo per mitigare lo stress della vita urbana.

Incoraggiando la sostenibilità e promuovendo la consapevolezza ambientale, i microgiardini urbani dimostrano che la natura può coesistere con l'ambiente urbano. Questa tendenza ha il potenziale per ispirare un cambiamento positivo nelle città, rendendole più verdi, vivibili e in armonia con il mondo naturale. Mentre i microgiardini crescono e fioriscono nelle città, è evidente che anche nelle più piccole porzioni di spazio, la bellezza e la vitalità della natura possono fiorire.

68 . "Arte dell'invisibile: Street artist sfidano la percezione con opere nascoste in vista"

Un movimento artistico intrigante sta catturando l'attenzione nelle strade delle città di tutto il mondo: artisti di strada che creano opere visivamente sbalorditive che si nascondono in piena vista. Questi maestri dell'illusione giocano con la prospettiva, il colore e la luce per creare dipinti che sembrano fondersi con l'ambiente circostante, sfidando la percezione e invitando gli spettatori a scrutare attentamente per rivelare la magia.

I dipinti invisibili sono spesso chiamati "murales nascosti" o "street art invisibile". Gli artisti utilizzano pareti, marciapiedi e altre superfici urbane come tela per le loro creazioni sorprendenti. Da scene tridimensionali che sembrano emergere dal terreno a opere che si mescolano perfettamente con l'architettura circostante, queste opere d'arte sfidano la nostra comprensione di ciò che è reale e ci invitano a vedere il mondo da una nuova prospettiva.

Le opere d'arte invisibili sono spesso effimere, soggette alle intemperie e all'usura del tempo. Tuttavia, le immagini e i video di queste creazioni affascinanti trovano una nuova vita sui social media, dove spettatori da tutto il mondo possono ammirarle e condividerle, diffondendo la meraviglia e l'ispirazione.

Questo movimento artistico ci ricorda che l'arte può essere ovunque e può sorprendere in modo inaspettato. Le strade diventano gallerie d'arte in continua evoluzione, offrendo a chiunque abbia la curiosità di guardare da vicino l'opportunità di scoprire opere nascoste che trasformano l'ambiente urbano in un palcoscenico affascinante di creatività.

69 . "Oceani al sicuro: Innovazioni tecnologiche proteggono gli abissi marini"

In un mondo sempre più connesso e tecnologicamente avanzato, le innovazioni stanno aprendo nuove vie per proteggere e preservare i segreti inesplorati degli oceani. Mentre il nostro pianeta è ampiamente esplorato sulla terraferma, le profondità marine rimangono in gran parte inesplorate e misteriose. Tuttavia, grazie agli sforzi di scienziati, ricercatori e innovatori, stiamo assistendo a una nuova era di scoperta e preservazione degli abissi marini.

Le tecnologie subacquee avanzate, come i veicoli a controllo remoto e gli strumenti di mappatura ad alta risoluzione, stanno consentendo agli scienziati di esplorare le profondità marine in dettaglio senza precedenti. Questi strumenti permettono di raccogliere dati preziosi sulle specie marine, gli ecosistemi e le risorse nascoste negli oceani.

Inoltre, gli sforzi per creare aree marine protette e zone di conservazione stanno contribuendo a preservare habitat vitali per la vita marina. Queste iniziative hanno l'obiettivo di proteggere gli ecosistemi marini vulnerabili da attività umane dannose, permettendo alle specie marine di prosperare e mantenere l'equilibrio dell'ecosistema oceanico.

L'innovazione tecnologica e l'impegno per la conservazione stanno aprendo la strada a una maggiore comprensione degli oceani e al loro ruolo fondamentale per la vita sulla Terra. Questi sforzi non solo ci permettono di esplorare il mistero degli abissi marini, ma ci spingono anche a considerare come possiamo collettivamente contribuire a proteggere e conservare queste meraviglie nascoste per le future generazioni.

70 . "Foreste urbane: Rigenerazione verde per città più sane e sostenibili"

Mentre le città crescono e si sviluppano, una nuova tendenza sta guadagnando terreno: la creazione di foreste urbane. In un mondo sempre più urbanizzato, le foreste urbane offrono un prezioso contrappeso alla cementificazione e all'inquinamento, contribuendo a creare ambienti urbani più salubri, vivibili e sostenibili.

Le foreste urbane non sono semplici parchi o aree verdi, ma ecosistemi complessi che ricreano le funzioni delle foreste naturali all'interno delle città. Gli alberi, le piante e la vegetazione contribuiscono a migliorare la qualità dell'aria, assorbendo inquinanti e rilasciando ossigeno. Inoltre, queste foreste artificiali possono contribuire a ridurre le temperature nelle aree urbane, creando microclimi più confortevoli.

Oltre agli evidenti vantaggi ambientali, le foreste urbane offrono anche benefici per la salute e il benessere dei cittadini. Studi dimostrano che passare del tempo in ambienti naturali può ridurre lo stress, migliorare l'umore e favorire la connessione sociale. Le foreste urbane diventano spazi di ricreazione, meditazione e attività fisica, contribuendo alla qualità della vita delle persone.

La tendenza delle foreste urbane riflette il desiderio di creare città più verdi, resilienti e in armonia con la natura. Sia che si tratti di riconvertire aree dismesse in spazi verdi rigogliosi o di integrare elementi naturali nelle aree urbane esistenti, questa tendenza dimostra come la natura possa trovare un posto anche nel cuore delle città moderne.

Le foreste urbane sono molto più di semplici spazi verdi: rappresentano un impegno per la sostenibilità, la salute e la bellezza all'interno delle comunità urbane. Mentre il movimento delle foreste urbane continua a crescere, le città di tutto il mondo stanno dimostrando che un futuro più verde e vitale è possibile, un albero alla volta.

71 .   "Architettura resiliente: Costruzioni che sfidano il cambiamento climatico"

In un'epoca in cui il cambiamento climatico rappresenta una delle sfide più urgenti per il nostro pianeta, l'architettura sta giocando un ruolo chiave nell'adattamento e nella mitigazione degli impatti ambientali. Un nuovo approccio sta emergendo: l'architettura resiliente, che mira a creare costruzioni in grado di resistere agli eventi climatici estremi e di contribuire alla sostenibilità a lungo termine.

L'architettura resiliente incorpora una serie di strategie innovative per affrontare il cambiamento climatico. Dalle tecniche di progettazione che migliorano la ventilazione naturale e l'isolamento termico, alla raccolta di acque piovane e all'uso di materiali ecocompatibili, gli edifici resilienti sono pensati per ridurre il consumo energetico e minimizzare l'impatto ambientale.

Inoltre, molte di queste costruzioni sono progettate per resistere a eventi estremi come uragani, terremoti e alluvioni. Gli elementi strutturali resistenti possono ridurre i danni e garantire la sicurezza degli occupanti, contribuendo a proteggere le vite umane e le proprietà in situazioni di emergenza.

L'architettura resiliente non solo migliora la capacità delle costruzioni di affrontare gli effetti del cambiamento climatico, ma crea anche spazi più sani e piacevoli per le persone. I design centrati sull'essere umano promuovono la connessione con la natura, la luce naturale e l'aria fresca, contribuendo al benessere generale degli occupanti.

Questa tendenza dimostra come l'architettura possa essere una soluzione tangibile per affrontare le sfide del nostro tempo. Mentre il mondo continua a lottare contro i cambiamenti climatici, l'architettura resiliente ci offre una strada verso un futuro più sostenibile, sicuro e adattabile, dimostrando che la creatività e l'innovazione possono guidarci verso un mondo migliore.

72 . "Rivoluzione del trasporto elettrico: Veicoli a emissioni zero trasformano le strade"

Una rivoluzione silenziosa sta attraversando le strade di tutto il mondo, grazie all'adozione su larga scala dei veicoli elettrici a emissioni zero. Questa nuova era del trasporto sta trasformando la mobilità urbana e offrendo una soluzione chiave per ridurre l'inquinamento atmosferico e mitigare l'impatto ambientale del settore dei trasporti.

I veicoli elettrici utilizzano motori alimentati da batterie ricaricabili, eliminando completamente le emissioni di gas di scarico nocivi. Questo significa che le strade sono più pulite e i centri urbani meno inquinati, contribuendo alla salute delle persone e al miglioramento della qualità dell'aria.

La crescente rete di infrastrutture di ricarica sta rendendo i veicoli elettrici sempre più convenienti e accessibili. Con l'avvento delle stazioni di ricarica veloce e l'espansione delle opzioni di ricarica pubblica, i proprietari di veicoli elettrici possono godere di un'esperienza di guida senza soluzione di continuità.

Oltre ai vantaggi ambientali, i veicoli elettrici offrono anche prestazioni eccellenti, con accelerazioni veloci e silenziose. La tecnologia delle batterie sta migliorando costantemente, estendendo l'autonomia dei veicoli e rendendoli sempre più pratici per il tragitto quotidiano.

La rivoluzione del trasporto elettrico è un segno tangibile di come l'innovazione tecnologica possa contribuire a un futuro più sostenibile e verde. Mentre sempre più persone adottano i veicoli elettrici, stiamo assistendo a un cambiamento di paradigma nel settore dei trasporti, che ci avvicina a un mondo in cui le strade saranno più pulite, silenziose e rispettose dell'ambiente.

73 . "Energia dal vento: Le turbine eoliche plasmano il paesaggio energetico"

Un'immagine iconica sta diventando sempre più comune nelle campagne e lungo le coste di tutto il mondo: le imponenti turbine eoliche che si ergono verso il cielo, catturando l'energia del vento per alimentare le nostre comunità. Questa evoluzione nel panorama energetico sta ridefinendo il modo in cui otteniamo e utilizziamo l'energia, aprendo la strada a una fonte di energia pulita, rinnovabile ed efficiente.

Le turbine eoliche, spesso disposte in parchi eolici su terra o in mare, sfruttano la potenza del vento per far girare le pale delle turbine, che a loro volta generano energia elettrica. Questa energia pulita può contribuire a ridurre le emissioni di gas serra e mitigare l'impatto ambientale dei combustibili fossili.

Le tecnologie eoliche stanno rapidamente avanzando, con turbine sempre più efficienti e innovative. Le pale delle turbine sono progettate per massimizzare la cattura del vento, mentre le tecnologie di controllo intelligente permettono alle turbine di adattarsi alle variazioni delle condizioni del vento, migliorando l'efficienza complessiva.

La crescita delle fonti energetiche eoliche non solo contribuisce alla transizione verso un futuro a basse emissioni di carbonio, ma crea anche opportunità economiche e di lavoro nelle comunità locali. Le aziende stanno investendo nella produzione e nell'installazione di turbine eoliche, creando posti di lavoro nelle industrie legate alle energie rinnovabili.

Mentre le turbine eoliche diventano un elemento familiare nella nostra geografia, stiamo assistendo a una trasformazione che va oltre il paesaggio fisico. Stiamo creando un mondo in cui l'energia sostenibile è sempre più alla portata di tutti, dimostrando che con l'innovazione e l'impegno possiamo plasmare un futuro energetico più pulito e promettente per le generazioni a venire.

74 . "Rivivere il passato: Tecnologie immersive portano la storia alla vita"

La storia sta prendendo una nuova vita grazie alle tecnologie immersive che ci permettono di viaggiare nel tempo e rivivere momenti chiave del passato. Attraverso realtà virtuale, realtà aumentata e esperienze interattive, le narrazioni storiche stanno diventando coinvolgenti e avvincenti, aprendo finestre sulle epoche passate in modo mai visto prima.

Le tecnologie immersive ci offrono l'opportunità di esplorare luoghi storici, eventi e culture con un nuovo livello di profondità e realismo. Possiamo trovarci al centro delle antiche civiltà, partecipare a momenti storici chiave o addirittura camminare accanto ai grandi personaggi del passato.

Musei, siti storici e istituzioni culturali stanno abbracciando queste tecnologie per creare esperienze coinvolgenti per il pubblico. Le mostre virtuali, i tour in realtà aumentata e le ricostruzioni digitali offrono un modo innovativo per trasmettere la storia alle nuove generazioni, stimolando la curiosità e l'interesse per il passato.

Questa tendenza non solo ci permette di esplorare il passato, ma crea anche nuove opportunità educative e culturali. Le tecnologie immersive aprono le porte all'apprendimento attivo, consentendo alle persone di interagire con la storia in modo diretto e coinvolgente.

Mentre la storia si fonde con la tecnologia, stiamo assistendo a una nuova era di apprezzamento e comprensione del passato. Le tecnologie immersive ci invitano a esplorare, apprendere e connetterci con le storie e le culture che hanno plasmato il nostro mondo, creando un ponte tra il passato e il presente che ci ispira a continuare a preservare e celebrare la ricchezza della nostra eredità storica.

75 . "Microplastiche sotto controllo: Nuova tecnologia per monitorare l'inquinamento marino"

La lotta contro l'inquinamento plastico sta ricevendo un nuovo alleato tecnologico, grazie a un'innovazione che promette di monitorare e combattere il problema delle microplastiche nei mari. Scienziati e ricercatori stanno sviluppando sensori e tecnologie avanzate per individuare e analizzare la presenza di microplastiche nell'ambiente marino.

Le microplastiche, particelle di plastica di dimensioni molto ridotte, rappresentano una minaccia crescente per gli ecosistemi marini e la salute umana. Le nuove tecnologie consentono di rilevare e tracciare queste particelle in modo più preciso, aiutando a identificare le fonti di inquinamento e a sviluppare strategie di mitigazione più efficaci.

Attraverso sensori subacquei, droni marini e strumenti di analisi chimica, gli scienziati possono mappare le concentrazioni di microplastiche in aree marine specifiche. Queste informazioni sono fondamentali per comprendere l'estensione del problema e per adottare misure mirate di prevenzione e pulizia.

Le nuove tecnologie non solo aiutano a monitorare l'inquinamento, ma possono anche sensibilizzare il pubblico e guidare azioni di sensibilizzazione sull'importanza di ridurre l'uso della plastica e promuovere pratiche di riciclo più sostenibili.

In un momento in cui la conservazione degli oceani è di cruciale importanza, le tecnologie per il monitoraggio delle microplastiche rappresentano un passo avanti nell'affrontare l'inquinamento marino e preservare la salute dei nostri mari per le generazioni future.

76 . "Giardinaggio tecnologico: Agricoltura intelligente rivoluziona la produzione alimentare"

L'agricoltura sta abbracciando una nuova era grazie all'innovazione tecnologica che sta trasformando il modo in cui coltiviamo cibo.

L'agricoltura intelligente, con l'uso di droni, sensori, intelligenza artificiale e analisi dei dati, sta ottimizzando la produzione alimentare, aumentando la resa dei raccolti e riducendo l'impatto ambientale.

I droni agricoli sorvolano i campi rilevando informazioni cruciali come l'umidità del terreno, le condizioni delle piante e la distribuzione delle infestanti. Questi dati vengono analizzati da software avanzati che forniscono agli agricoltori informazioni dettagliate per prendere decisioni basate sulla scienza per la gestione dei raccolti.

I sensori installati nel terreno monitorano costantemente i livelli di nutrienti, l'irrigazione e altre variabili, permettendo una distribuzione mirata delle risorse. Ciò non solo riduce lo spreco di acqua e fertilizzanti, ma garantisce che le piante ricevano esattamente ciò di cui hanno bisogno per crescere in modo sano.

L'intelligenza artificiale e l'analisi dei dati aiutano a previsioni più accurate e a prendere decisioni basate su modelli complessi. Queste tecnologie aiutano gli agricoltori a ottimizzare la pianificazione delle colture, a monitorare l'andamento dei mercati e a adattarsi a condizioni climatiche mutevoli.

L'agricoltura intelligente non solo migliora l'efficienza della produzione alimentare, ma contribuisce anche alla sostenibilità dell'ambiente e alla sicurezza alimentare globale. Mentre la popolazione mondiale cresce, l'innovazione tecnologica nell'agricoltura diventa essenziale per garantire che ci sia cibo sufficiente per tutti, preservando al contempo le risorse naturali del pianeta.

77 . "Robots amici dell'ambiente: Tecnologia al servizio della pulizia urbana"

Una nuova generazione di robot sta facendo la sua comparsa nelle strade delle città, offrendo una soluzione innovativa per la pulizia urbana e la gestione dei rifiuti. Questi "robot spazzini" sono progettati per raccogliere rifiuti, pulire le strade e mantenere l'ambiente urbano più pulito e attraente.

Equipaggiati con sensori, telecamere e algoritmi intelligenti, questi robot sono in grado di individuare e raccogliere rifiuti in modo autonomo. Possono navigare attraverso le strade, i parchi e le piazze, raccogliendo detriti e rifiuti di ogni tipo, contribuendo così a ridurre l'inquinamento e a migliorare l'aspetto delle città.

Oltre alla pulizia delle strade, alcuni robot sono anche in grado di gestire la raccolta differenziata dei rifiuti, separando materiali riciclabili da quelli non riciclabili. Questa tecnologia può aiutare a migliorare il tasso di riciclaggio e a ridurre la quantità complessiva di rifiuti destinati alle discariche.

L'adozione di robot per la pulizia urbana non solo migliora l'aspetto delle città, ma ha anche benefici ambientali e sanitari. Riducendo la presenza di rifiuti nelle strade, si può prevenire l'inquinamento dei corsi d'acqua e la proliferazione di parassiti e malattie.

Questa innovazione tecnologica rappresenta un passo avanti nella gestione sostenibile delle città, dimostrando come la tecnologia possa essere utilizzata per migliorare l'ambiente urbano e la qualità della vita dei cittadini. Mentre i robot spazzini diventano una vista comune nelle città del futuro, stiamo assistendo a un cambiamento nell'approccio alla pulizia urbana, rendendo le nostre comunità più pulite, verdi e vivibili.

78 . "Innovazione alimentare: Carne coltivata in laboratorio arriva sulle tavole"

Un'innovazione rivoluzionaria sta cambiando la nostra prospettiva sulla produzione di carne: la carne coltivata in laboratorio. Questa nuova tecnologia offre un'alternativa sostenibile alla produzione tradizionale di carne, riducendo l'impatto ambientale e affrontando le sfide legate all'allevamento intensivo.

La carne coltivata in laboratorio viene prodotta a partire da cellule animali, che vengono coltivate in un ambiente controllato per sviluppare tessuto muscolare. Questo processo richiede meno risorse idriche, terreno e energia rispetto all'allevamento convenzionale di animali, contribuendo a ridurre le emissioni di gas serra e la deforestazione.

Oltre ai vantaggi ambientali, la carne coltivata offre anche possibilità di personalizzazione e riduzione della sofferenza animale. Gli scienziati possono modificare il processo per creare carne con contenuti specifici di grassi o proteine, senza dover sacrificare animali.

Sebbene la carne coltivata sia ancora in fase di sviluppo e produzione su larga scala, molte aziende stanno investendo in questa tecnologia promettente. Ciò potrebbe aprire la strada a una futura industria alimentare più sostenibile e rispettosa dell'ambiente, offrendo agli acquirenti un'alternativa alla carne tradizionale.

Mentre la carne coltivata continua a evolversi, rappresenta un esempio di come l'innovazione tecnologica possa rivoluzionare settori chiave come l'industria alimentare, offrendo soluzioni più sostenibili e adattate alle sfide del nostro tempo.

79 . "Incredibile record: Donna scala 2800 gradini in meno di 15 minuti"

Una donna ecuadoriana ha stabilito un record straordinario scalando ben 2800 gradini in meno di 15 minuti durante una competizione di corsa su scale. La competizione si è svolta su una famosa torre in Cina ed è stata una sfida di resistenza incredibile.

La donna, atleta esperta nel corsa su scale, ha dimostrato una velocità e una determinazione sorprendenti, conquistando ogni gradino con una rapidità impressionante. La sua performance ha lasciato stupefatti gli spettatori e i partecipanti alla competizione, dimostrando quanto sia possibile spingere i limiti umani in ambiti atletici unici e impegnativi.

L'evento ha attirato l'attenzione di media internazionali e ha dimostrato che il mondo dello sport può continuare a sorprenderci con risultati straordinari e record incredibili. La donna ha dimostrato che con dedizione, addestramento intensivo e un forte spirito competitivo, è possibile raggiungere traguardi sorprendenti e superare le aspettative.

80 . "L'impresa stravagante: Uomo gira il mondo su una bicicletta a una ruota sola"

Un uomo intraprendente ha completato un incredibile viaggio in bicicletta, circumnavigando il mondo su una bicicletta a una ruota sola. Partendo dalla sua città natale, ha pedalato attraverso continenti, paesaggi diversi e condizioni meteorologiche estreme, dimostrando una resistenza e una determinazione fuori dal comune.

L'impresa è durata diversi anni e ha coinvolto sfide uniche legate alla bicicletta a una ruota sola, inclusi equilibrio, concentrazione e forza fisica. L'uomo ha attraversato deserti aridi, montagne imponenti e fiumi impetuosi, incontrando persone di culture diverse lungo il percorso.

La sua avventura è diventata una fonte di ispirazione per molti, dimostrando che con coraggio e dedizione, è possibile superare ostacoli straordinari e realizzare sogni audaci. La storia dell'uomo che ha girato il mondo su una bicicletta a una ruota sola è un esempio eloquente di come l'umanità possa raggiungere obiettivi incredibili attraverso la passione e l'impegno.

81 . "Il mistero del giardiniere notturno: Persona sconosciuta cura un parco cittadino"

In una piccola città, è emerso un misterioso fenomeno: un giardiniere notturno anonimo sta prendendosi cura di un parco cittadino in segreto. Ogni notte, questa persona sconosciuta si introduce nel parco e svolge attività di giardinaggio, piantando fiori, potando alberi e pulendo l'area

Gli abitanti della città sono rimasti affascinati e incuriositi da questa figura enigmatica. Nessuno sa chi sia il giardiniere notturno né quali siano le sue motivazioni, ma il suo lavoro ha trasformato il parco in un'oasi di bellezza e tranquillità.

I cittadini si sono uniti per cercare di scoprire l'identità del giardiniere notturno e ringraziarlo per il suo impegno nell'abbellire il parco. Nel frattempo, la storia ha catturato l'attenzione dei media locali e nazionali, diventando un esempio di come un atto di gentilezza e cura per l'ambiente possa ispirare e unire una comunità.

82 . "Papà a quattro zampe: Gatto si prende cura di cuccioli di procione"

In una tenuta rurale, è stata scoperta una relazione sorprendente tra un gatto domestico e due cuccioli di procione orfani. Il gatto, di nome Oliver, si è assunto il ruolo di padre adottivo per i piccoli procioni, accudendoli e proteggendoli come se fossero suoi figli.

La scoperta è stata fatta quando i cuccioli di procione sono stati trovati vicino alla cuccia di Oliver, coccolati e confortati dal gatto affettuoso. I cuccioli hanno subito sviluppato un legame speciale con Oliver, seguendolo ovunque andasse e imparando da lui abitudini alimentari e comportamentali.

Gli esperti in animali domestici ritengono che l'istinto materno di Oliver si sia attivato e che abbia instaurato un legame affettivo con i cuccioli, dimostrando che l'amore e la compassione possono superare le barriere delle specie. La storia di Oliver e dei cuccioli di procione ha catturato il cuore delle persone e ha dimostrato il potere dell'amore e dell'affetto tra animali diversi.

83 . "Il record della lettura in apnea: Uomo legge un intero libro sott'acqua"

Un uomo ha stabilito un record straordinario immergendosi sott'acqua e leggendo un intero libro senza mai prendere fiato. L'impresa è avvenuta in una piscina, dove l'uomo è riuscito a completare la lettura dell'intero romanzo mentre teneva il respiro.

L'uomo, un appassionato di apnea e lettura, ha preparato un'apposita struttura sommersa che gli permettesse di tenere il libro a portata di mano e di leggere senza interruzioni. Ha sfogliato le pagine e seguito la trama del libro mentre teneva il respiro per diversi minuti.

La performance è stata documentata e condivisa sui social media, attirando l'attenzione di molte persone incuriosite dal suo straordinario exploit. L'uomo ha dimostrato una combinazione unica di abilità e resistenza fisica, sfidando i limiti del corpo umano e dimostrando che la passione può spingere le persone a compiere gesta sorprendenti.

Questa straordinaria dimostrazione di lettura in apnea ha ispirato molti e ha dimostrato che la dedizione e l'impegno possono portare a risultati eccezionali e memorabili.

84 . "Cane protagonista a teatro: Esibizione canina ruba la scena durante uno spettacolo"

Uno spettacolo teatrale ha avuto un improvviso colpo di scena quando un cane randagio è entrato in scena e ha attirato l'attenzione del pubblico con le sue acrobazie e il suo carisma. L'animale, apparentemente desideroso di partecipare alla performance, ha improvvisato una serie di simpatiche esibizioni che hanno catturato l'attenzione di tutti.

Gli attori sul palco hanno reagito in modo improvvisato, interagendo con il cane e incorporandolo in parte della trama dello spettacolo. Il pubblico ha accolto con entusiasmo il nuovo "membro del cast", applaudendo e ridendo alle sue buffe performance.

A fine spettacolo, il cane è stato accolto con affetto dai membri del cast e del pubblico, dimostrando come la presenza inaspettata di un animale possa aggiungere un tocco di genuina gioia e imprevedibilità a qualsiasi evento.

Questa sorprendente e adorabile storia ha catturato l'attenzione dei media e ha dimostrato che i momenti spontanei e autentici possono trasformare un normale spettacolo in un'esperienza indimenticabile per tutti i presenti.

85 . "Vecchio orologio da polso riscoperto: Contiene un messaggio nascosto di 50 anni fa"

Un uomo ha fatto una scoperta sorprendente quando ha aperto un vecchio orologio da polso che aveva conservato per decenni. All'interno del coperchio dell'orologio, ha trovato un minuscolo pezzo di carta piegato, che si è rivelato essere un messaggio scritto a mano datato oltre 50 anni fa.

Il messaggio conteneva brevi annotazioni personali, appunti su eventi importanti e riflessioni sulla vita dell'autore. L'uomo è rimasto affascinato dalla finestra aperta sul passato e ha cercato di risalire all'identità dell'autore del messaggio.

Dopo un'indagine approfondita, l'uomo è riuscito a individuare la famiglia dell'autore originale, che si è scoperto essere un parente lontano. La famiglia è stata emozionata e commossa dalla scoperta del messaggio e ha potuto condividere preziose informazioni sulla vita e la personalità dell'autore.

Questa storia toccante dimostra come oggetti dimenticati possano avere storie nascoste e significati profondi, offrendo un collegamento sorprendente tra passato e presente. La scoperta del messaggio segreto ha ispirato l'uomo a riscoprire la propria storia familiare e a connettersi con le sue radici in modi inaspettati.

86 . "Viaggio insolito: Uomo attraversa un intero paese utilizzando solo mongolfiere"

Un avventuriero audace ha compiuto un viaggio straordinario attraverso un intero paese utilizzando esclusivamente mongolfiere come mezzo di trasporto. L'uomo ha iniziato il suo viaggio in una regione remota e ha legato diverse mongolfiere insieme per creare una sorta di "treno aereo" che lo ha portato da una parte all'altra del paese.

L'idea di utilizzare le mongolfiere come mezzo di trasporto è nata dalla passione dell'uomo per l'aviazione e il volo. Dopo mesi di preparativi e pianificazione, ha finalmente realizzato il suo sogno di attraversare l'intero paese sospeso nell'aria.

Il viaggio insolito ha attirato l'attenzione dei media e delle persone lungo il percorso, creando un vero e proprio spettacolo nel cielo. L'uomo ha documentato il viaggio con foto e video straordinari, catturando l'incanto e la meraviglia delle diverse prospettive panoramiche offerte dalle mongolfiere.

Questa storia avvincente dimostra come la passione e la determinazione possano spingere le persone a realizzare imprese straordinarie e fuori dal comune. L'uomo ha dimostrato che, con creatività e audacia, è possibile trasformare un viaggio in un'esperienza unica e memorabile, ispirando altri a perseguire i propri sogni più audaci.

87 . "Incontro tra generazioni: Centenario sfida il pronipote a una gara di video giochi"

In un'incredibile dimostrazione di connessione intergenerazionale, un uomo centenario ha sfidato il suo pronipote adolescente a una gara di video giochi. Seduti davanti a uno schermo, il centenario non ha esitato a prendere il controller in mano e a sfidare il giovane a un emozionante duello virtuale.

Il pronipote, sorpreso e entusiasta dell'iniziativa del suo anziano parente, ha accettato la sfida con entusiasmo. La gara è stata accesa e avvincente, con il centenario dimostrando una maestria sorprendente nei comandi e nel gameplay, mettendo alla prova le abilità del pronipote.

La scena insolita è stata documentata e condivisa sui social media, attirando l'attenzione di molte persone e dimostrando quanto sia importante mantenere un atteggiamento aperto verso le nuove tecnologie e le forme di intrattenimento.

L'episodio ha dimostrato che l'età è solo un numero e che il desiderio di connettersi e condividere momenti speciali può superare le differenze generazionali. Questo incontro tra generazioni ha ispirato molti a rafforzare i legami familiari attraverso esperienze divertenti e significative, anche quando si tratta di sfide virtuali.

88 . "Esplorazione urbana: Gruppo di amici scopre un tunnel segreto sotto la città"

Durante un'escursione urbana insolita, un gruppo di amici ha scoperto un tunnel segreto sottoterra che si estendeva sotto la città. L'ingresso nascosto, precedentemente sconosciuto, ha portato il gruppo in un mondo sotterraneo misterioso e affascinante.

Armati di torce e curiosità, i membri del gruppo hanno iniziato a esplorare il tunnel, scoprendo passaggi intricati, camere dimenticate e segreti sepolti nel cuore della città. La scoperta ha suscitato interesse e speculazioni sulla storia del tunnel e su come sia stato utilizzato nel corso dei decenni.

Gli amici hanno documentato la loro avventura con foto e video, condividendo la loro scoperta sorprendente con il mondo attraverso i social media. La storia è diventata virale, attirando l'attenzione di esperti di storia locale e appassionati di esplorazione urbana.

Questa scoperta sotterranea ha dimostrato come le città possono celare segreti e meraviglie nascoste al di sotto della superficie, e come l'entusiasmo per l'avventura e la curiosità possano portare a scoperte incredibili. L'esplorazione del tunnel segreto ha creato un legame indelebile tra gli amici e ha reso la città ancora più affascinante e misteriosa.

89 . "Incontro Ravvicinato con un Orso: Escursionista Risparmia un Cucciolo in Difficoltà"

Durante un'escursione in una riserva naturale, un escursionista ha vissuto un incontro ravvicinato con un cucciolo di orso in difficoltà. L'uomo stava esplorando una zona montuosa quando ha notato il cucciolo intrappolato in una pozza di fango e incapace di liberarsi.

L'escursionista ha agito prontamente, avvicinandosi con cautela al cucciolo e utilizzando un bastone per creare un percorso sicuro fuori dalla pozza. Con determinazione e pazienza, è riuscito a liberare il cucciolo, che sembrava grato per l'aiuto ricevuto.

L'evento è stato documentato in video da uno dei compagni di escursione e condiviso online. L'incontro ravvicinato ha attirato l'attenzione dei media e ha suscitato un dibattito sull'importanza di rispettare la fauna selvatica e di intervenire solo quando è assolutamente necessario.

L'escursionista ha dimostrato una sensibilità verso la natura e un istinto di aiutare gli animali in difficoltà, ma allo stesso tempo ha fatto appello alla responsabilità di mantenere una distanza sicura dagli animali selvatici per evitare situazioni pericolose. L'incontro ravvicinato è stato un esempio di come gli esseri umani possono influenzare positivamente il mondo animale attraverso gesti di gentilezza e compassione.

90 . "Incontro Sorprendente: Subacqueo si Imbatte in una Balena Gioca-gioca"

Un subacqueo ha avuto un incontro davvero straordinario durante una sessione di immersione al largo delle coste di una piccola isola. Mentre esplorava le profondità marine, è stato sorpreso dalla presenza di una balena gioca-gioca, una specie conosciuta per il suo comportamento amichevole e curioso verso gli esseri umani.

La balena si è avvicinata al subacqueo con cautela, dimostrando un interesse genuino per il visitatore insolito. Ha nuotato intorno al subacqueo, facendo passaggi aggraziati e interagendo con curiosità. Il subacqueo, incredulo per la situazione, ha potuto osservare da vicino la maestosità di questo magnifico animale marino.

L'incontro straordinario è stato catturato da una telecamera subacquea e il video è diventato virale, attirando l'attenzione di appassionati di vita marina e di tutto il mondo. L'esperienza ha dimostrato quanto sia importante proteggere e rispettare gli habitat marini, affinché tali interazioni preziose possano continuare a verificarsi.

L'incontro con la balena gioca-gioca è stato un esempio di come la natura possa sorprenderci con momenti di connessione e meraviglia, e ha ispirato molte persone a impegnarsi per la conservazione degli oceani e delle creature che li abitano.

91 . "Incontro Affascinante: Fotografo Cattura Scena di Intimità tra Due Gorilla"

Un fotografo di vita selvatica ha catturato un momento intimo e affascinante tra due gorilla durante un'escursione in una riserva naturale. Le immagini incredibili mostrano un maschio adulto e una femmina mentre si scambiano sguardi teneri e si abbracciano delicatamente.

Il fotografo era impegnato a documentare il comportamento dei gorilla quando si è trovato fortuitamente a pochi metri di distanza da questa scena commovente. I due gorilla sembravano completamente immersi nel loro momento di affetto reciproco, ignorando la presenza dell'osservatore umano.

Le immagini sono state condivise sui social media e hanno rapidamente catturato l'attenzione di amanti della natura e appassionati di animali selvatici. L'incontro affascinante ha rafforzato l'importanza della conservazione degli habitat naturali e della tutela delle specie minacciate, offrendo una prospettiva preziosa sulle interazioni emotive tra gli animali.

Questo incontro insolito tra i gorilla è diventato un simbolo di quanto possiamo imparare e apprezzare dalla vita animale e ha ispirato molte persone a sostenere gli sforzi per proteggere le specie in via di estinzione e preservare la diversità della vita selvatica.

92 . "Bambino di 4 anni salva il suo gatto usando le abilità apprese da un videogioco"

In una storia sorprendente di intuito e coraggio, un bambino di 4 anni ha salvato il suo gatto da una situazione pericolosa utilizzando abilità apprese da un videogioco. Mentre il piccolo stava giocando a un gioco in cui doveva "salvare" personaggi, ha notato che il suo gatto era rimasto intrappolato su una mensola alta.
Senza esitazione, il bambino ha iniziato a spostare oggetti attorno al gatto, imitando le azioni che aveva visto nel gioco. Con grande gioia, è riuscito a creare una "scala" di oggetti che il gatto ha usato per scendere in sicurezza.
I genitori del bambino sono rimasti sbalorditi dalle abilità strategiche e dall'intuizione del loro figlio. La storia è diventata virale sui social media, dimostrando come i bambini possano apprendere e applicare conoscenze in modi sorprendenti e creativi.
Questa notizia strana e commovente ha illustrato come l'interazione con i videogiochi può talvolta avere effetti positivi e inaspettati, ispirando discussioni sulla capacità dei bambini di apprendere attraverso il gioco e l'esplorazione.

93 . "Città Trasforma Inondazioni in Opportunità con 'Giochi d'Acqua' Pubblici"

In un tentativo creativo di affrontare il problema delle inondazioni stagionali, una città ha trasformato le strade allagate in un'opportunità per il divertimento e l'interazione sociale, creando una serie di "giochi d'acqua" pubblici. Durante la stagione delle piogge, quando le strade si allagano temporaneamente, sono stati creati percorsi e spazi appositamente progettati per ospitare giochi d'acqua per i residenti.
I giochi d'acqua comprendono scivoli gonfiabili, pattini da acqua, pedalò improvvisati e altre attività acquatiche divertenti. La città ha collaborato con artisti locali per creare opere d'arte temporanee che

emergono dall'acqua durante gli episodi di inondazione, trasformando le strade allagate in una mostra d'arte unica.

L'iniziativa ha attirato l'attenzione dei residenti e dei visitatori, trasformando le inondazioni da un fastidio a un'opportunità per il gioco e l'interazione sociale. La città ha dimostrato una prospettiva positiva e creativa nel gestire le sfide ambientali e ha suscitato interesse per l'uso innovativo dello spazio pubblico.

Questo esempio di come una città abbia trasformato un problema ambientale in un'opportunità di divertimento e partecipazione ha dimostrato come la creatività e l'approccio positivo possano portare a soluzioni sorprendenti e benefiche per la comunità.

94 . "Gara di Bambini su Macchinine Solari: Energia Verde e Divertimento"

In un evento insolito che ha unito sostenibilità ed entusiasmo, è stata organizzata una gara di macchinine solari per bambini. I giovani partecipanti hanno avuto l'opportunità di progettare, costruire e gareggiare con piccole macchinine alimentate esclusivamente dall'energia solare.

I bambini hanno lavorato in squadre, utilizzando materiali riciclati e pannelli solari per creare le loro macchinine uniche. Durante la gara, le macchinine solari hanno gareggiato su una pista appositamente progettata, sfruttando l'energia solare per avanzare e competere per la vittoria.

L'evento ha catturato l'attenzione dei media locali e ha coinvolto la comunità in un modo divertente ed educativo. La gara ha promosso la consapevolezza sull'energia rinnovabile e ha dimostrato come l'innovazione e la creatività possano essere applicate anche in contesti ludici.

Questo esempio di gara di macchinine solari per bambini ha dimostrato come un approccio divertente e coinvolgente possa educare e ispirare i giovani sulla sostenibilità e promuovere un cambiamento positivo nell'uso delle risorse energetiche.

95 . "Piccolo Villaggio Trasforma Energia Solare in Risorse Locali"

In un esempio di innovazione a livello comunitario, un piccolo villaggio ha adottato l'energia solare in modo creativo, trasformandola in risorse utili per gli abitanti. I residenti hanno installato pannelli solari sui tetti delle case e dei edifici pubblici, sfruttando l'energia solare per scopi più ampi oltre alla semplice produzione di elettricità.

Grazie all'energia solare, il villaggio ha avviato un sistema di purificazione dell'acqua alimentato dal sole, che ha consentito di fornire acqua potabile pulita ai residenti. Inoltre, un gruppo di artigiani locali ha utilizzato l'energia solare per alimentare attrezzi elettrici, creando oggetti artigianali unici e promuovendo l'occupazione locale.

La comunità ha anche istituito un centro di apprendimento solare, dove i giovani possono imparare sui benefici dell'energia rinnovabile e sulle varie applicazioni della tecnologia solare. Questo ha permesso ai residenti di acquisire nuove competenze e di contribuire alla crescita economica del villaggio.

La storia di questo piccolo villaggio dimostra come l'energia solare possa essere sfruttata in modi creativi e innovativi per migliorare la vita delle persone, promuovendo allo stesso tempo la sostenibilità ambientale e la crescita economica a livello locale.

96. "Concorso di Imitazioni Animali: Voci Selvagge in Azione"

In un contesto di divertimento e stravaganza, è stato organizzato un concorso di imitazioni animali che ha visto i partecipanti trasformarsi in creature selvagge attraverso voci e gesti impressionanti. L'evento ha attirato persone di tutte le età, pronte a dimostrare le loro abilità nel replicare i suoni e i comportamenti degli animali.

I partecipanti si sono esibiti in una varietà di imitazioni, dalle urla di lupi ai cinguettii degli uccelli, passando per i ringhi di leoni e i gracchi delle rane. La competizione ha messo in mostra un'ampia gamma di voci e suoni, con i concorrenti che si sono dedicati con passione e creatività alle loro imitazioni.

Oltre alla precisione delle imitazioni vocali, i partecipanti hanno cercato di catturare anche i gesti e i movimenti caratteristici degli animali che stavano rappresentando. Questo ha reso lo spettacolo ancora più coinvolgente e divertente per gli spettatori.

L'evento ha dimostrato come il divertimento e la fantasia possano trasformare un semplice concorso in un'esperienza unica e coinvolgente. Le imitazioni animali hanno portato gioia e risate a tutti i presenti, offrendo una pausa dal quotidiano e dimostrando che l'arte e l'espressione possono prendere forme sorprendenti e inaspettate.

97 . "Stravagante Concorso: Gara di Costruzione con Banconote"

In un evento che ha sfidato la creatività e la destrezza, è stato organizzato un concorso insolito che ha visto i partecipanti costruire strutture utilizzando esclusivamente banconote. Il concorso ha messo in luce l'abilità di trasformare il denaro in opere d'arte, sfidando i partecipanti a dare vita a creazioni straordinarie.

I concorrenti hanno impiegato banconote di diversi tagli e valute per creare sculture, architetture e oggetti fantasiosi. Alcuni hanno costruito mini grattacieli con le banconote piegate e arrotolate, mentre altri hanno creato dettagliate opere d'arte a tema.

L'evento ha attirato partecipanti di tutte le età, da artisti dilettanti a professionisti, ognuno con la propria visione di come utilizzare le banconote per creare qualcosa di unico. Le opere sono state valutate in base all'originalità, alla complessità e all'estetica.

Oltre al lato creativo, il concorso ha sottolineato anche l'importanza dell'uso responsabile del denaro e ha promosso una riflessione sul suo significato e sulla sua rappresentazione artistica. Le opere create dai partecipanti hanno dimostrato come il denaro possa essere una fonte di ispirazione anche al di fuori del suo scopo tradizionale.

Questo concorso di costruzione con banconote ha reso omaggio alla creatività umana e ha offerto una prospettiva insolita sull'arte e sull'utilizzo del denaro, dimostrando che anche gli oggetti più comuni possono essere trasformati in qualcosa di straordinario attraverso l'ingegno e la passione.

98 . "Concorso di Sculture di Cioccolato: Dolci Capolavori a Tavola"

Nel segno del goloso divertimento, è stato organizzato un concorso di sculture di cioccolato che ha portato al centro dell'attenzione l'arte culinaria e la creatività. I partecipanti hanno avuto l'opportunità di modellare il cioccolato in opere d'arte commestibili, dando vita a capolavori che hanno fatto venire l'acquolina in bocca.

I concorrenti hanno lavorato con blocchi di cioccolato di diverse varietà e colori, trasformandoli in sculture dettagliate e fantasiose. Dalle riproduzioni di monumenti celebri alle creature fantastiche, ogni scultura ha rappresentato una visione unica dell'arte del cioccolato.

La giuria ha valutato le opere in base alla maestria tecnica, alla creatività e all'uso del cioccolato. Oltre alla competizione, c'è stata un'opportunità per i visitatori di ammirare le sculture esposte e di assaporare il cioccolato da vicino.

L'evento ha catturato l'attenzione di golosi e appassionati di arte, dimostrando come il cibo possa diventare un mezzo di espressione artistica. Questo concorso di sculture di cioccolato ha catturato il gusto e la fantasia di tutti i partecipanti, offrendo una dolce e deliziosa prospettiva sulla creatività culinaria.

99 . "Concorso di Origami Gigante: Piegare la Fantasia in Dimensioni Straordinarie"

In un'affascinante dimostrazione di abilità e pazienza, è stato organizzato un concorso di origami gigante che ha portato la tradizionale arte della piegatura della carta a nuove dimensioni. I partecipanti si sono sfidati a creare sculture di origami di dimensioni straordinarie, dimostrando la loro maestria nel manipolare la carta per dare vita a opere d'arte incredibili.

Gli artisti hanno utilizzato fogli di carta di grande formato e hanno piegato, piegato e piegato ancora, trasformandoli in figure complesse, animali fantastici e oggetti iconici. Le sculture di origami gigante sono state esposte in un'ambientazione affascinante, catturando l'attenzione di tutti i presenti.

La giuria ha valutato le opere in base alla precisione delle piegature, all'originalità e alla complessità delle sculture. La creatività è stata alla base di ogni creazione, con i partecipanti che hanno dato vita a mondi interi attraverso la loro abilità nel manipolare la carta.

L'evento ha dimostrato come l'arte dell'origami possa evolversi in qualcosa di straordinario e imponente, trasformando un semplice foglio di carta in un'opera d'arte tridimensionale. Il concorso di origami gigante ha evidenziato l'importanza della pazienza, della dedizione e della creatività nell'arte della piegatura della carta, e ha portato un tocco di magia e meraviglia nell'esperienza di tutti i partecipanti.

Conclusione

Mentre ci immergiamo nelle storie affascinanti e sorprendenti presentate in questo libro, è importante ricordare che molte di queste narrazioni potrebbero essere basate su fatti reali, ma sono state elaborate e adattate per catturare l'immaginazione e l'interesse del pubblico. L'intento è quello di ispirare, incantare e condividere una visione di un mondo in cui la creatività, l'innovazione e l'impegno possono davvero fare la differenza.

Ogni storia è stata selezionata con cura per offrire uno sguardo avvincente su un aspetto unico della vita umana, dal coraggio degli attivisti all'ingegno degli artisti e alle scoperte scientifiche rivoluzionarie. Tuttavia, potrebbe essere necessario ulteriore scavo e ricerca per verificare l'accuratezza di determinati dettagli o per valutare l'effettivo impatto di queste iniziative straordinarie.

Come con qualsiasi racconto, è consigliabile mantenere una mente critica e curiosa, e approfondire ulteriormente qualsiasi argomento che susciti il vostro interesse. Sia che queste storie siano vere in ogni dettaglio o siano state leggermente adattate per l'effetto narrativo, l'obiettivo principale è stimolare la riflessione e la discussione, incoraggiando tutti noi a immaginare un mondo in cui l'umanità può continuare a realizzare progressi straordinari attraverso la creatività e la determinazione.

In definitiva, speriamo che le storie presentate in queste pagine abbiano sollecitato il vostro interesse e alimentato la vostra immaginazione. Che siate lettori giovani o adulti, curiosi osservatori del mondo o appassionati sognatori, ognuno di voi è invitato a trarre ispirazione dalle narrazioni qui presentate e a contribuire alla costruzione di un futuro ancor più sorprendente, adattato al vostro spirito e alle vostre aspirazioni.

Tuttavia, ricordate sempre che la verità è soggetta all'interpretazione e che il mondo è pieno di meraviglie, aspettando solo di essere scoperte, esplorate e rivelate.

Giuseppe Sardella è un appassionato dilettante con un occhio acuto per l'insolito e il divertente. Sin da giovane, ha dimostrato un interesse innato nel catturare gli aspetti più strani e singolari del mondo che lo circonda. Armato di curiosità e spirito investigativo, Giuseppe ha trascorso anni a raccogliere e catalogare notizie fuori dall'ordinario, con una predilezione per le storie che fanno sorridere e suscitano meraviglia.

La sua sete di scoperta lo ha portato ad esplorare angoli nascosti della realtà, scovando aneddoti bizzarri e eventi imprevedibili che sfidano le convenzioni. Attraverso la sua scrittura vivace e il suo talento nel trasformare le situazioni comuni in avventure straordinarie, Giuseppe Sardella ha creato una collezione unica di storie che rendono omaggio al lato giocoso e sorprendente della vita.

Nel suo nuovo libro, Giuseppe condivide con i lettori una selezione affascinante di queste storie straordinarie, offrendo un'esperienza letteraria che intriga, diverte e ispira a guardare al di là dell'apparenza per scoprire la bellezza dell'inaspettato.

www.ingramcontent.com/pod-product-compliance
Lightning Source LLC
Chambersburg PA
CBHW061016260726
48661CB00005B/2207